EU
EMPREENDEDOR

UM GUIA DE EMPREENDEDORISMO PARA VOCÊ QUE AMA O QUE FAZ, MAS NÃO SAI DO LUGAR

LÉO MACK

EU
EMPREENDEDOR

UM GUIA DE EMPREENDEDORISMO PARA VOCÊ QUE AMA O QUE FAZ, MAS NÃO SAI DO LUGAR

Gente
editora

Diretora
Rosely Boschini

Gerente Editorial Sênior
Rosângela de Araujo Pinheiro Barbosa

Editora Pleno
Juliana Rodrigues de Queiroz

Assistente Editorial
Fernanda Costa

Produção Gráfica
Fábio Esteves

Capa
Thiago de Barros

Projeto Gráfico e Diagramação
2 estúdio gráfico

Edição de texto
Marcio Coelho

Preparação
Laura Folgueira

Revisão
Fernanda Guerriero Antunes
Wélida Muniz

Impressão
Edições Loyola

Dados Internacionais de Catalogação da Publicação (CIP)
Angélica Ilacqua CRB-8/7057

Mack, Leonardo
    Eu, empreendedor: um guia de empreendedorismo para você
que ama o que faz, mas não sai do lugar / Leonardo Mack. São Paulo:
Editora Gente, 2024.
    224 p.

ISBN 978-65-5544-386-8

1. Empreendedorismo I. Título

23-4705   CDD 658.4012

Índice para catálogo sistemático:
    1. Empreendedorismo

NOTA DA PUBLISHER

Léo Mack é um empreendedor serial brilhante, cuja trajetória tem sido marcada pela criação de negócios milionários e inovadores. Sua experiência como empreendedor o capacitou a compartilhar seu conhecimento e sua experiência com todos os pequenos empreendedores que precisam de ajuda e de orientação para impulsionar os negócios.

Contratar de maneira eficaz, treinar equipes com perfis diversos, perpetuar a cultura empresarial, estabelecer um fluxo de caixa consistente, avaliar a lucratividade. Todos esses são aspectos que, muitas vezes, não são ensinados aos novos empreendedores. Na verdade, a maioria deles está trabalhando muito, mas não está conseguindo alcançar o crescimento tão desejado, pois não foram orientados a adotar uma mente empreendedora.

Neste livro, Léo Mack traz as ferramentas certas para impulsionar sua empresa e elevá-la a outro patamar, por meio do método dos 5Cs do crescimento do negócio (coração, cliente, caixa, cadência e cultura), que ajuda o leitor a fazer um diagnóstico da sua empresa e, a partir disso, atuar de maneira assertiva para fazê-la decolar.

Recomendo fortemente a leitura deste livro, pois, assim como Léo, também acredito que os pequenos empreendedores são a mola propulsora para o crescimento do nosso país e, portanto, merecem adquirir conhecimento de altíssimo nível.

Boa leitura e sucesso em sua jornada, querido empreendedor!

Rosely Boschini
CEO e Publisher da Editora Gente

Especialista em Marketing

Professor Esculptor Quiroprático

Comerciante Psicólogo Engenheiro

Engenheiro Mecânico Ferreiro Garçom Caminhoneiro

Jornalista Arquiteto Empresário

Economista Chef Pintor Fotógrafo

Advogado Técnico Carpinteiro Padeiro

Gerente Consultor Cientista

Dentista Artista

Engenheiro Elétrico Eletricista

Fazendeiro Designer Estudante

Cozinheiro

Barbeiro Designer de Moda

Fonoaudiólogo Agricultor Confeiteiro

Fisioterapeuta Nutricionista Maquiador Lojista

Engenheiro Civil Terapeuta

Estilista Economista

Terapeuta Ocupacional

Engenheiro de Software Biólogo

Analista de Dados Psicoterapeuta

Massoterapeuta Médico

Mecânico Web Designer

Treinador de Animais Escritor

Ortodontista Jardineiro

Veterinário Matemático Designer Gráfico Agricultor Motorista Decorador Maquiador Gerente de Restaurante Florista

Dedico este livro a todos os empreendedores e empreendedoras do Brasil, especialmente aqueles que tem poucas pessoas em suas equipes ou até mesmo aqueles que ainda não têm. Dedico também a você que ainda não se vê como empreendedor, mas sabe que tem esse chamado.

São vocês que fazem o Brasil acontecer.

AGRADECIMENTOS

Para produzir uma obra como esta, muitas pessoas fizeram parte da jornada e dos fatos que relato e compartilho em forma de aprendizados até chegarmos ao livro impresso (ou e-book) em suas mãos.

Agradeço aos meus familiares que me apoiaram em meus estudos e me incentivaram a ser melhor a cada dia. Iniciando absolutamente com Marcos e Juliana, meus pais, que deram seu melhor para que eu tivesse oportunidades de estudar e aprender onde quer que fosse, custe o que custar. Minha avó Neusa, que me incentivou desde criança a ser curioso pelo mundo – e a todos aqueles que, com certeza, fizeram a diferença em nossas vidas.

Agradeço a minha esposa Najma, que junto comigo testemunhou meus aprendizados desde os mais difíceis aos mais agradáveis, sempre me apoiando e me direcionando para os melhores caminhos.

A todas as pessoas que fizeram parte da minha jornada, meus sócios, equipes que estiveram ao meu lado, acreditando que conquistaríamos nossos objetivos, o que, em boa parte das vezes, fizemos. Aos prefaciadores e a todos da Editora Gente, que plantaram uma semente na minha cabeça de que, juntos, chegaremos mais longe para mudar o Brasil.

Muito obrigado.
Léo Mack

PREFÁCIO

Empreender para transformar

Há, no Brasil, milhões de pessoas com o desejo de criar, de inovar e de transformar o mundo em um lugar melhor. E é a partir desse sentimento que nasce o empreendedor.

Mas, o que é o empreendedor e o que o distingue dos demais indivíduos?

O empreendedor é aquele indivíduo capaz de fazer acontecer e que, ao estabelecer crenças, valores e propósito, consegue mobilizar outros para atingirem um objetivo comum. Afinal, o empreendedor tem consciência de que não se faz nada sozinho.

Na sua trajetória profissional, o empreendedor se diferencia, muitas vezes, porque consegue criar um ambiente de real atração e retenção de talentos – já que a própria atitude inspira e transmite segurança às pessoas.

Eu, Empreendedor: Um guia de empreendedorismo para você que ama o que faz, mas não sai do lugar trata de algumas das questões mais fundamentais para compreender a realidade do empreendedorismo no Brasil. Uma leitura fundamental para aquele empreendedor que enfrenta diariamente pequenos e grandes desafios.

Léo Mack convida o leitor a ingressar em uma jornada de transformação da sua trajetória empresarial. Com a filosofia dos 5Cs, Mack destaca aspectos do território desse empreendedorismo bem-sucedido, trabalhando um conjunto de princípios que orientam na tomada de decisões. São eles: coração, cliente, caixa, cadência e cultura. E faz isso em uma narrativa fácil, que equilibra paixão e pragmatismo e orienta os passos para transformar ideias em ações, problemas em soluções.

Empreender com o **coração** é o primeiro passo. É sobre encontrar o que apaixona e direcionar essa paixão para uma visão consistente. O **cliente** é a bússola do empreendedor. Entender e atender às suas necessidades dá foco ao negócio e impulsiona a prosperidade. O **caixa** é aquilo que garante a perenidade do empreendimento. A **cadência** coloca o empreendedorismo em perspectiva, usando o tempo e a conjuntura como dois aliados importantes. Por fim, temos a **cultura**, que é alicerçada nos valores e no propósito citados anteriormente.

Como empreendedores, procuramos praticar vários desses princípios no nosso dia a dia e acreditamos que o resultado vai muito além do econômico-financeiro. O que verdadeiramente importa é o nosso legado e a nossa capacidade de modificar e evoluir pessoas e sociedade, e o empreendedorismo é a chave para um Brasil com mais prosperidade e menos desigualdade.

Esperamos que aproveitem a leitura e que ela possa inspirá-lo(a) a empreender!

Rafael Menin (CEO MRV) e João Vitor Menin (CEO Inter)

SUMÁRIO

O PONTO DE VIRADA

Conta a história que uma empresa de sapatos,[1] certa vez, enviou dois analistas para avaliar o mercado de calçados na Índia. Um deles retornou sugerindo que a produção fosse cancelada, pois naquele país ninguém usava calçados e, portanto, não havia perspectiva de compradores. O outro voltou e pediu que a produção fosse triplicada, já que ninguém usava sapatos, então, todo mundo era comprador em potencial.

Como pode haver duas opiniões tão opostas sobre a mesma situação? Doideira, né?

Essa fábula da empresa de sapatos nos mostra como a visão da realidade pode ser diferente e como a mudança de mentalidade tende a ser decisiva para empreender ou não em algum mercado. Por que existe uma diferença na maneira de pensar desses dois consultores? Quem está certo? Se nossa visão de mundo é reflexo do nosso passado, de tudo o que aprendemos, surge esta pergunta: o que aprendemos é o melhor para aplicarmos no futuro? E, se não for, como mudar essa visão?

---

1   LOPES, Edson. A introdução de marca internacional no Brasil. **Monitor Mercantil**, 12 ago. 2013. Disponível em: https://monitormercantil.com.br/a-introduuuo-de-marca-internacional-no-brasil/. Acesso em: 19 jul. 2023.

É comum ouvir que temos sempre que enxergar o copo meio cheio, e não meio vazio. Ser otimistas, em vez de pessimistas. Mas essa imagem positiva desaparece quando estamos atolados de contas (que não param de chegar) ou se temos dúvidas sobre como começar ou continuar a empreender. Como ter esperança quando não vemos solução? E de que jeito fazer nosso pequeno negócio decolar quando só deparamos com problemas e dificuldades?

Conheço muitos pequenos empreendedores que viveram momentos de crise. Gente muito boa, cheia de sonhos grandiosos, que caiu e se levantou dezenas de vezes e hoje está de pé, realizando seus planos, trabalhando e produzindo. Mas como fazer essa virada?

Aprendi que o passo zero é enxergar as coisas como elas realmente são, vendo os problemas como desafios, obstáculos naturais e necessários para que possamos aprender, aceitar que não sabemos tudo e pedir ajuda ou correr atrás do conhecimento que está faltando. Mas sempre existe um ponto de virada, quando você muda o entendimento sobre algo e volta a ver o sol brilhar. Lição importante: problema não é problema e ponto-final; problema é oportunidade, é aprendizado, é, acima de tudo, treino.

Minha trajetória também teve altos e baixos, diversos escorregões e várias quedas. A virada começou quando mudei minha mentalidade em relação a empreender e percebi a diferença entre *ser* um negócio ou *ter* um negócio. É muito sutil, mas fez toda a diferença na minha arrancada como empreendedor. Vamos falar mais sobre isso.

Sabe, eu fui esse autônomo perdido, esse pequeno empreendedor. Não sabia como empreender, como fazer as coisas darem certo. Já tive diversos tipos de empresas varejistas, passando por consultorias até companhias de tecnologia que fazem softwares. Aliás, foi no setor de tecnologia que mais empreendi. Tive a oportunidade de trabalhar no Brasil e no Canadá quando era jovem. Comecei muito cedo (lá pelos 16 anos), na parte de programação de softwares, com certeza, por influência do meu pai, pois eu o via trabalhando com computadores e isso me despertou esse fascínio. Já nos outros nichos de mercado em que empreendi, fui com a cara e a coragem, mesmo sem entender nada do assunto.

Conquistei uma bolsa de estudos para uma graduação mista em Sistemas de Informação, voltada a projetos de softwares e programação (que iniciei em Curitiba e concluí no Canadá, na Université de Montréal).

A partir de lá consegui olhar nosso país de fora, vi as coisas como elas realmente são. Entendi que a solução normalmente está em fazer o simples de maneira profissional e excelente, e que, para o começo da jornada de empreendedorismo, as formações acadêmicas não são tão relevantes. Claro, capacitação é importante e deve ser constante, mas entendo, por experiência e após dar muitas mentorias, que o que vai fazer o seu pequeno negócio crescer é mais básico do que parece. É mais bom senso, treino, muito trabalho e um método simples para o começo dessa jornada.

Se você está iniciando sua trajetória como empreendedor ou está patinando com sua empresa, acredito que aquela pós-graduação ou o MBA que tanto são sedutores podem ficar para um estágio posterior, depois que sua base empreendedora estiver bem-estruturada. Há muitas coisas simples que você precisa saber para dar o primeiro passo, aquele que vai dar início ao seu caminho como empreendedor ou empreendedora. Também preciso dizer que mesmo os que não têm uma formação específica podem empreender; é aprender com os erros, treinar, persistir e confiar no conhecimento que já têm sobre algo. Acredito muito nos diferentes saberes e na potência de cada ser humano que tem energia e coragem, mas, ao mesmo tempo, tem humildade para receber os novos conhecimentos e aplicá-los com otimismo. Vai dar certo, mas tem que ter um método e as ferramentas necessárias para essa conquista. Inicialmente (você vai ver), é preciso sentar, focar e fazer. Peço, de coração aberto, que você acredite e confie em mim. Muito obrigado.

Em 2010, nessa vivência no Canadá, vi que os serviços e produtos de que eu precisava para viver estavam a um palmo de distância. Se eu quisesse alugar uma casa, já existiam empresas e sites maravilhosos para isso; se quisesse fazer compras no mercado, havia redes ótimas que entregavam em casa; e os caixas de autoatendimento eram comuns nos estabelecimentos, coisa que só vi no Brasil quase uma década depois. Vale lembrar que isso ocorria em uma época em que os aplicativos eram bem mais simples e, mesmo assim, tudo lá já estava avançado e com alta competitividade. Era só buscar no Google qualquer tipo de serviço ou produto que apareciam duas, três, cinco páginas inteiras com empresas sensacionais, muito profissionais, que prestavam aquele serviço ou vendiam determinado produto. O pessoal sempre fala que os países de primeiro mundo são maravilhosos, que dá tudo certo lá. E é verdade em grande parte dos casos. Quem já teve a oportunidade de morar no exterior ou passar um bom tempo em outro país mais desenvolvido sabe disso. Eles têm seus problemas, mas muita coisa básica funciona. Acho que aí é que está a grande chance de empreender no Brasil: o básico aqui ainda não funciona — essa é a sua oportunidade de ouro como empreendedor.

Ainda no Canadá, iniciei meu processo de imigração, mas algumas coisas deram errado na parte burocrática e faltou grana; por essa razão, precisei retornar a Curitiba. Quando voltei — foi aí a grande virada —, olhei para o nosso país... Sabe, até me toca um pouco, porque vejo que nós temos que arrumar isso aqui. Havia entendido, enfim, que mudar o Brasil começaria por mim mesmo; não dava para esperar de ninguém. Temos oportunidades gigantes, muita coisa para arrumar e fazer dar certo! Foi então que decidi ir parando com os bicos e me preparei para empreender. Estava muito mudado e cheio de energia para arregaçar as mangas e fazer o que precisava ser feito.

Antes mesmo de abrir a minha primeira empresa oficialmente, ou seja, com CNPJ, o que ocorreu aos meus 19 anos, eu já estava empreendendo em uns cinco ou seis projetos simultâneos desde os 16. Todos eles eu criei do zero e por conta própria. Lembro que nessa época havia sido recém-lançado o primeiro iPhone, e as redes sociais estavam engatinhando; pouco se falava sobre o Facebook, por exemplo, no Brasil. Então, um desses projetos foi quando tive a ideia de criar uma rede social para o mercado de seguros com gestão de apólices, o SocialCor (o nome era ruim mesmo). Chegamos a 5 mil usuários conectados, mas precisávamos aperfeiçoá-lo, o que foi feito depois. Tinha, também, outro projeto que era um encurtador de URLs personalizadas chamado MyUrl.me (mais um nome ruim), algo parecido com o Linktree, que não existia na época.

Outro projeto foi o GEDx (um pouco melhor esse nome), um sistema para gerenciar documentos corporativos, com versionamento e tudo que era necessário para aquela época, como um Google Drive corporativo. Mais outro projeto foi uma rede social sem sucesso chamada Socialglas, que depois virou o Get21. Basicamente, era uma competição de *likes* entre as pessoas mais populares, na qual aquelas que tinham mais destaque ficavam no topo e poderiam ganhar dinheiro com sua popularidade.

Alguns fracassaram, alguns deram certo. O importante aqui é que nessa época, de tanto desenvolver projetos, eu treinei muito, errando e, às vezes, acertando. Estudar e treinar: esse era o ciclo. Recordo que todos esses projetos foram feitos com muito pouco dinheiro, sem eu ter cursado faculdade ainda, sem equipe. Eu recebia dinheiro dos meus trabalhos freelances (bicos), que desenvolvia fora do horário, pagava a faculdade, pagava alguns fornecedores, também outras despesas básicas da vida e não sobrava nada; era bem apertado. Isso durou três anos. Olho hoje e percebo que a mentalidade que eu tinha era: "Acho que vai dar certo! Se der, deu; se não der, estou me esforçando e quem sabe um dia, no futuro, as coisas melhorem...". Olha só que porcaria de mentalidade; uma mentalidade que me fez trabalhar muito durante três anos sem receber um real. O que me faltava?

Me faltava exatamente o que estou compartilhando com você neste livro: foi executando cada ação que você vai aprender que eu consegui fazer vários projetos darem muito certo. A rede social para o mercado de seguros se transformou em uma empresa de software do segmento. O negócio foi crescendo, crescendo, crescendo e fizemos uma fusão de três empresas de tecnologia, em 2017. Em 2021, vendemos o projeto para uma renomada seguradora de capital aberto. Quando isso aconteceu, pensei: "Nossa, é assim que funciona! Você gera valor para a sociedade de maneira profissional e excelente, ou seja, resolve os problemas dela, e recebe um valor proporcional ao tamanho desse problema que resolveu. É isso!".

Como eu disse, fui esse autônomo, esse pequeno empreendedor como você, que trabalha demais, mas vive com o mínimo. Recebe e gasta com aluguel, recebe e gasta com a família. E a mentalidade era de fazer o negócio crescer, mas faltava o chip certo para monetizar e levar o negócio para a frente. Eu só ia fazendo – e estaria assim até hoje se não tivesse mudado a visão e colocado em prática os ensinamentos que compartilho aqui. Vejo muita gente nessa situação, que acaba trabalhando demais e não prospera, não consegue fazer a virada. Erros em coisas simples e básicas é o que mais vejo nas mentorias com empreendedores e empreendedoras.

Meu pai, sempre apoiado pela minha mãe em todos os momentos, fossem bons, fossem desafiadores, sem exceção, foi meu modelo de família e de empreendedorismo. Eles normalmente trabalhavam demais e sacrificavam muitos fins de semana em família em prol do trabalho. Lembro inúmeras vezes em que me levaram, inclusive à noite, aos lugares em que tinham que trabalhar. Algumas vezes trabalhavam no computador, passavam cabos pelos forros, subindo em escadas altas, nas fábricas imensas que precisavam de rede de internet. Viravam a madrugada arrumando as coisas. Recordo os dois juntando cadeiras, uma ao lado da outra, para que eu dormisse enquanto eles trabalhavam.

O senso comum diz que é errando que se aprende, mas prefiro a sabedoria do professor Mario Sergio Cortella: "Não é o erro, é a correção do erro que ensina".[2] Não dá para errar e errar, aceitando que isso seja natural e pronto. O passo seguinte ao erro é o aprendizado, é arregaçar as mangas e ajustar. Aprendemos quando corrigimos o erro. Eu aprendi, com um dos meus técnicos esportivos, que o que se faz no treino acontece no jogo. Levo essa frase muito a sério. Se treinarmos, na hora do vamos ver, faremos o que treinamos de maneira automática. Se não treinarmos ou se o fizermos de qualquer jeito, qual o resultado? Exato! Uma bela porcaria.

Ainda sobre erro e aprendizado, não posso deixar de citar uma das maiores referências mundiais quando os assuntos são performance empresarial e investimentos, Ray Dalio. Ele também valoriza o erro seguido de aprendizado, como podemos observar na simples imagem a seguir, que o autor explica em sua obra *Princípios*.[3]

Figura 1 Evolução

Fonte: DALIO, 2018.

2　CORTELLA, Mario Sergio. **Viver em paz para morrer em paz**. São Paulo: Planeta, 2017.

3　DALIO, Ray. **Princípios**. Rio de Janeiro: Intrínseca, 2018.

Consertando erros, cresci muito no quesito empreender e hoje me vejo como um empreendedor serial, investidor, escritor e treinador de empreendedores. Continuo empreendendo no setor de tecnologia em software e com educação para empreendedores. Eu me apaixonei por essa dinâmica de cuidar de empresas, de ser esse empreendedor serial. Desenvolvi inúmeros tipos de negócios – consultorias, varejo, prestação de serviços – e tive diversas empresas, como lojas, minifranquias, empresas de software etc. Para mim, o que importa não é o tipo de negócio, mas sim que ele resolva um problema do mundo real, que impacte muitas pessoas, que seja pequeno e que eu possa transformá-lo em um grande negócio. É isso que me dá ânimo para compartilhar tudo o que aprendi sobre empreender.

Meu propósito de vida está estruturado em aplicar a fórmula analisar--estudar-organizar-delegar-escalar. Ela se baseia em *analisar e estudar* o negócio (mostrar que tem como melhorá-lo), *organizá-lo* (arrumar a casa, deixar tudo certo), *delegar* (estabelecer um método para a equipe poder trabalhar e fazer o negócio funcionar) e *escalar*, multiplicar e crescer. Exemplo: se tenho uma empresa de tecnologia, então vou multiplicá-la por duas; se tenho duas, vou multiplicá-las por quatro. Isso é o que gosto de fazer, é minha vocação.

Na busca de soluções, entendi que o que me move adiante é a equação fazer + errar + aprender = treino. Essa equação produz a transformação. É por meio do treino que você vai conseguir transformar seu negócio e fazê-lo crescer e prosperar. E faz sentido treinar qualquer coisa ou de qualquer jeito? Não. Eu vou ajudá-lo a treinar o que você precisa neste momento e de uma maneira melhor.

Sabe aquela empresa para a qual você não dá nada, que olha e diz: "Isso não vai dar certo, ela está largada e nada funciona"? Então, adoro essas companhias porque vejo o grande potencial de reverter esse quadro, fazê-las prosperarem muito. Potencializar empresas e ajudar os pequenos empreendedores é o foco do meu trabalho porque são eles que levam o Brasil para a frente, que mudam o país, que fazem a economia girar, que empregam as pessoas, que estão criando empresas profissionais com times vencedores, empresas que caminham com ou sem a presença dos fundadores. Ou seja, o seu negócio deve caminhar com ou sem você. Você tem uma empresa, mas você não é a sua empresa.

Esses pequenos empreendedores aos quais me refiro são homens e mulheres, são os profissionais liberais que acabaram de sair da faculdade, autônomos e autônomas que tiveram pouca (ou nenhuma) instrução sobre como empreender e construir seu negócio. São psicólogas, médicas, advogados, arquitetos, dentistas, aquela confeiteira que faz doces para fora, a cabeleireira, o eletricista, a manicure, o barbeiro, a costureira e tantos outros. São aqueles profissionais que estão começando agora ou que têm duas ou três pessoas na equipe, muitas vezes no formato de negócios familiares ou negócios que abriram há anos, mas que não prosperaram. Sabe essas pessoas que aprenderam o trabalho técnico, mas ainda não se ligaram que terão de empreender? Vejo que esses empreendedores têm muita dificuldade e são exatamente esses que quero ajudar com este livro. Eu quero ajudar *você*.

E acredite! Uma boa parte dos grandes empreendedores brasileiros de hoje começou do zero, assim como você. Veja o exemplo da dona da Sodiê,[4] uma trabalhadora do campo, que cortava cana-de-açúcar, mas aprendeu a fazer bolos e começou a vendê-los. Hoje, Cleusa Maria é dona da maior rede especializada em bolos do Brasil, com mais de 340 lojas. Para conquistar esse império, certamente ela passou por vários momentos difíceis e por fracassos, iguais aos que você tem vivido. Mas não se culpe por algum fracasso que possa ter ocorrido em sua trajetória. Você nunca aprendeu o que era necessário para fazer sua empresa dar certo; faltavam ferramentas, entender o mecanismo e saber a maneira mais assertiva para empreender e ter confiança em si mesmo.

Falaremos, mais adiante, sobre os principais erros dos pequenos empreendedores, que talvez você esteja cometendo sem saber. Esses erros são solucionados com os 5Cs do empreendedorismo: coração, cliente, caixa, cadência e cultura. Vamos arrumar a casa e ajudá-lo nessa missão. Pois é, agora que você chegou até aqui, que balançou que "sim" com a sua cabeça e se identificou com os relatos anteriores, não terá mais como esquecer: toda vez que sua empresa não prosperar ou alguém da sua equipe pedir para sair, uma voz surgirá na sua cabeça para lembrá-lo de que *essa missão é sua* e de mais ninguém. Mas, fique tranquilo, a partir de agora, vou compartilhar as ferramentas

---

4   A MAIOR franquia de bolos do país. **Sodiê Doces**. Disponível em: https://sodiedoces.com.br/sobre/. Acesso em: 25 mar. 2023.

para que possamos fazer acontecer. Resolver esses pontos frágeis vai tornar possível a transformação do seu pequeno negócio em uma Empresa Profissional.

Com base no aprendizado e na prática deste conhecimento que vou transmitir a você, garanto que posso ajudá-lo a impulsionar sua empresa e elevá-la a outro patamar, transformá-lo em um empreendedor feliz e equilibrado, para que consiga monetizar seu sonho, que tenha o foco no cliente correto (e alcance mais clientes), mantenha o caixa controlado (com lucros), caminhe com cadência, adotando os rituais adequados de disciplina para fazer a empresa funcionar sem precisar ficar o tempo todo em cima das equipes e das questões do dia a dia. O negócio fluirá por si só, e a empresa alcançará uma cultura organizacional saudável, que atrairá novos profissionais e que conseguirá manter essas pessoas satisfeitas e crescendo continuamente.

Esse é o cenário que você encontrará no final desse processo de treino, aprendizado e crescimento: um negócio autossustentável, para que você tenha mais tempo para ficar com seus familiares, com as pessoas que ama, para que possa estudar melhor, investir em outras empresas, empreender com prazer e prosperar cada vez mais. Esse é meu compromisso, seu desafio será aplicar o conhecimento e ter coragem e disciplina para se manter nessa trilha. Nos próximos capítulos, vou apresentar o método que ativa esse processo de transformação. É uma metodologia simples, que exclui as distrações e foca o que realmente interessa para esse momento empresarial em que você está. Não é difícil, é mais bom senso, foco e treino.

Segure este livro como se fosse seu guia empreendedor, use-o para consulta, coloque-o na mesa do escritório, de casa, por onde você empreender, não importa. Rabisque, tire foto, discorde, chore, sorria, grite, até me xingue por inconformismo, mas prometo: nestas páginas, eu vou sempre falar com franqueza, de igual para igual, disponibilizando todos os elementos que provocarão essa virada dentro e fora de você. Eu e você estamos juntos nessa.

DO MICRO
AO MACRO

Tom Jobim costumava dizer que "sucesso no Brasil é considerado ofensa pessoal".[5] É duro ter que admitir, mas vivemos em uma cultura que reprova a boa competitividade, desconfia dos vitoriosos e valoriza os fracassados. Pode parecer arrogância, mas ainda é a realidade. Fomos ensinados a aplaudir o que é mediano, sem qualidade, valorizar aqueles que entregam um trabalho ruim, mas pelo menos tentaram, né? Na verdade, quem deve ser aplaudido são aqueles que geram muito valor para sociedade e, por consequência, têm resultado. Em contrapartida, percebemos que povos incentivados culturalmente para o estudo e o trabalho de excelência aceitam com naturalidade o sucesso como uma consequência do esforço correto e da dedicação, seja em que área for.

É importante que coloquemos atenção nessa questão para começarmos a desfazer essas crenças, essas falsas verdades que limitam nossas possibilidades, dificultam a inovação e engessam o constante movimento

---

5   ALBUQUERQUE, Felipe Luca de; MOTA, Pedro Lula. No Brasil, o lucro ainda é pecado. **InfoMoney**, 30 out. 2015. Disponível em: https://www.infomoney.com.br/colunistas/terraco-economico/no-brasil-o-lucro-ainda-e-pecado/. Acesso em: 20 jul. 2023.

de evolução, fundamental para o desenvolvimento de uma sociedade. Não é nada positivo se incomodar com o sucesso do outro, como se ele estivesse "tirando vantagem", apesar de estar trabalhando muito e construindo soluções para as pessoas. É muito mais sensato aprender com essa pessoa para conseguir dar um salto na nossa própria vida e potencializar a do próximo. Se onde há sucesso há conhecimento, então existe ali também algo a ser aprendido. Por que não tentar entender como alguém conseguiu chegar lá?

Mas essa crença que ainda existe, segundo a qual vemos o empreendedor como aquele que se aproveita de sua equipe, que não trabalha muito, que é só o "chefe", precisa ser desfeita. Nessa ilusão, pode-se crer que empreender é só mandar nos outros e não trabalhar, mas é exatamente o contrário. Estamos em um país de milhões de desempregados[6] e de pessoas com dificuldades por não conseguirem uma oportunidade de trabalho, e acredito que o pequeno empreendedor pode ser a chave para revertermos esse trágico quadro.

Eu tenho um sonho que acredito ser possível: ver qualquer pessoa ser empreendedora de sucesso, colocando as suas virtudes em prol da sociedade, resolvendo problemas e gerando valor, para atender as necessidades regionais ou globais.

Posso afirmar que ter sucesso é excelente, e você precisa acreditar nisso – por mais óbvia que seja essa afirmação, ela é necessária. Quando me refiro ao sucesso, peço que você atribua o que for importante para você, como independência financeira, comprar a casa própria, graduar-se, casar-se ou viajar pelo mundo. É de vital relevância perceber que o seu sucesso vai sair principalmente da sua energia de mudança que vai provocar essa transformação. E, como já falei, a transformação começa com a equação fazer + errar + aprender = treino.

Para quem é este livro?

Com este livro, pretendo ajudar empreendedoras e empreendedores brasileiros, sejam do setor de prestação de serviços, sejam varejistas, produtores, autônomos, em negócios que estejam tocando sozinhos

---

6   O QUE é desemprego. **IBGE**, 2022. Disponível em: https://www.ibge.gov.br/explica/desemprego.php. Acesso em: 20 jul. 2023.

ou com uma equipe de até cinco pessoas. São aqueles que estão começando um pequeno negócio, em busca de oportunidades, forçados pelas adversidades ou porque acabaram de se graduar em um curso superior ou técnico e querem atuar na área como profissionais liberais. Também são os que empreendem há anos e não saíram do lugar, talvez até tenham uma loja na rua há dez, doze, quatorze anos, e nunca tenham alugado a sala ao lado para expandir, abrir uma nova unidade, com outros serviços e produtos. Normalmente, esse empreendedor não fez isso porque costuma dizer: "É difícil encontrar gente boa para trabalhar, sabe, gente de confiança". Independentemente do tamanho da sua pequena e média empresa, você se beneficiará do conhecimento que será compartilhado na apresentação do método e suas ferramentas.

Reuni os empreendedores que vou ajudar em quatro grupos. Veja se você está em um deles:

1. Sonhadores que pretendem abrir um negócio logo.
2. Empreendedores em início de jornada que ainda estão sozinhos.
3. Empreendedores patinando com sua pequena equipe de até cinco pessoas, estagnados há anos, administrando um negócio modesto que não está crescendo, não sai do lugar.
4. Empreendedores em vias de desistir de suas empresas ou que já as fecharam.

@oleomack

| SONHADORES | INÍCIO DA JORNADA | PATINANDO | DESISTIR |

Fonte: elaborada pelo autor.

Nas mentorias e treinamentos que faço, percebo que a grande maioria desses pequenos empreendedores normalmente se dedica muito ao negócio (trabalhando pelo menos doze horas por dia), com energia e ânimo, muitas vezes nos fins de semana ou quando é necessário. Eles lutam e estão empenhados em fazer dar certo, querem ver resultado. Apesar de se esforçarem muito, o negócio não decola, não sai do lugar na velocidade desejada.

Agora vou dizer para quem definitivamente *não* é este livro. Sabe aquele empreendedor de fim de semana, que não trabalha muito, vai à empresa três vezes por semana (no máximo), não quer se engajar na proposta e é desvinculado da empresa? Que não tem paixão pelo próprio negócio nem se empenha em fazer funcionar, prosperar, empregar mais gente? É comum que ele diga que tem uma "lojinha" e que se der certo, ok; se não der, tudo bem também. Comumente, fala que vai abrir uma "loja", colocar alguém para trabalhar, e, então, vai passar a ter uma vida tranquila, sossegada, dormir mais, ir à praia na sexta e voltar na terça... Esse eu não poderei ajudar, porque ele vive aquela ilusão de ter um negócio para parar de trabalhar o quanto antes. Sua mentalidade não é compatível com a essência do empreendedorismo que prego. Infelizmente, é uma questão cultural, como já mencionamos. Esses indivíduos, em geral, não colocam o coração no trabalho e não se ligam no poder de transformação que isso pode gerar para eles, sua família e as pessoas que trabalham com eles.

Talvez esta seja a primeira falsa crença sobre empreender: a ilusão de não ter que trabalhar mais. O microempreendedor que gosto de ajudar é aquele que ama a empresa, que daria tudo para fazer o seu negócio prosperar. É esse que quero ajudar.

Empreendedorismo no Brasil

Existem milhões de empreendedores no Brasil que trabalham mais de doze horas todos os dias, mas acredite: a maioria não tem sucesso, não prospera e não cresce. Atualmente, metade dos empreendedores[7] que abrem novos negócios fecham as portas nos primeiros três anos. Olha isso! A verdade é que hoje os pequenos negócios respondem por oito

---

7 METADE das empresas abertas no Brasil fecha em até três anos. **Monitor Mercantil**, 8 nov. 2022. Disponível em: https://monitormercantil.com.br/metade-das-empresas-abertas-no-brasil-fecha-em-ate-tres-anos. Acesso em: 20 jul. 2023.

a cada dez empregos no Brasil,[8] o que mostra sua extrema importância na nossa economia e no desenvolvimento da nação. Há muito a ser feito, e estamos no caminho. Os próximos desafios serão o fortalecimento do empreendedorismo e dos pequenos negócios, políticas de acesso a crédito, impostos mais simples, carga tributária menor e estímulo à inovação e à educação empreendedora.

Imagine se cada pequeno empreendedor desses contratasse pelo menos cinco pessoas? Nós mudaríamos juntos o Brasil. Eu acredito profundamente que esse é o meu papel e daqueles que acreditam neste país.

O pequeno empreendedor

Empreendedorismo[9] é a capacidade de idealizar, coordenar e realizar projetos, serviços, negócios; iniciativa de implementar novos negócios ou mudanças em empresas já existentes, geralmente com alterações que envolvem inovação e riscos. O pequeno empreendedor, portanto, seria o protagonista, o responsável por essa transformação.

Você deve estar se perguntando: "Legal, Léo, mas onde eu estou em toda essa conversa?". Nos quadros[10] a seguir, é possível entender as diferentes categorias de empresa, conforme o porte do estabelecimento (micro, pequeno, médio e grande) e o faturamento.

Quadro 1 Categorias de empresas conforme o porte

PORTE	COMÉRCIO E SERVIÇOS (número de trabalhadores)	INDÚSTRIA (número de trabalhadores)
Microempresa (ME)	de 0 a 9	de 0 a 19
Empresa de Pequeno Porte (EPP)	de 10 a 49	de 20 a 99
Empresa de médio porte	de 50 a 99	de 100 a 499
Grandes empresas	100 ou mais	500 ou mais

@oleomack

Fonte: Sebrae, 2013.

8 SEBRAE: pequenos negócios respondem por 8 em cada 10 empregos criados em outubro. **Agência Brasil**, veiculado pela CNN BRASIL, 5 dez. 2022. Disponível em: https://www.cnnbrasil.com.br/business/sebrae-pequenos-negocios-respondem-por-8-em-cada-10-empregos-criados-em-outubro/. Acesso em: 20 jul. 2023.

9 EMPREENDEDORISMO. *In*: **DICIONÁRIO Houaiss da Língua Portuguesa**. Rio de Janeiro: Objetiva, 2009.

10 SEBRAE. **Anuário do trabalho na micro e pequena empresa**. São Paulo: Dieese, 2013. Disponível em: https://www.sebrae.com.br/Sebrae/Portal%20Sebrae/Anexos/Anuario%20do%20Trabalho%20Na%20Micro%20e%20Pequena%20Empresa_2013.pdf. Acesso em: 20 jul. 2023.

A Lei Geral da Micro e Pequena Empresa,[11] de 2006, também conhecida como Estatuto Nacional da Microempresa e da Empresa de Pequeno Porte, trouxe benefícios para as micro e pequenas empresas, formalizando sua existência. Com essa iniciativa, o Brasil saltou de 2,5 milhões de empreendimentos registrados no Simples (modalidade tributária) para mais de 20 milhões de empresas existentes hoje (a máior parte constituída por microempreendedores individuais, os MEIs).

Quadro 2 Categorias de empresas conforme o faturamento

MODALIDADE	DESCRITIVO	RECEITA ANUAL
Microempreendedor Individual (MEI)	Pessoa que trabalha por conta própria e se legaliza como pequeno empreendedor optante pelo Simples Nacional. O microempreendedor pode contar com um único colaborador e não pode ser sócio nem titular de outra empresa.	Igual ou inferior a R$ 81 mil
Microempresa	Sociedade empresária, sociedade simples, empresa individual de responsabilidade limitada e empreendedor, devidamente registrados nos órgãos competentes, com um faturamento de até 360 mil por ano.	Igual ou inferior a R$ 360 mil
Empresa de pequeno porte	A empresa de pequeno porte não perderá o seu enquadramento se obtiver adicionais de receitas de exportação, até o limite de R$ 4,8 milhões.	Superior a R$ 360 mil e igual ou inferior a R$ 4,8 milhões

@oleomack

Fonte: elaborado pelo autor.

11 QUICK, Bruno. Eleições 2022: votar no pequeno é um grande negócio. **Agência Sebrae**, 29 jun. 22. Disponível em: https://agenciasebrae.com.br/brasil-empreendedor/eleicoes-2022-votar-no-pequeno-e-um-grande-negocio/. Acesso em: 20 jul. 2023.

Fases do empreendedorismo no mundo real

Chega de papo e agora vamos para o treino e a transformação. Nós aqui — você e eu — vamos utilizar outros parâmetros para qualificar os pequenos negócios, porque não quero você numa caixinha que alguém em mil novecentos e pouco estabeleceu. Quero você no mundo real, no mudo que paga boleto e PIX. Meu objetivo é fazer você sair dos estágios da eupresa e empresa semiprofissional rumo a uma Empresa Profissional, mudando, assim, sua vida e a das pessoas ao seu redor, sejam familiares, seja sua equipe.

Estágios mais visíveis e realistas do empreendedor e da empresa, segundo minha percepção nos treinamentos que faço com empreendedores:

Quadro 3   Estágios da empresa

ESTÁGIOS DA EMPRESA	EQUIPE	FATURAMENTO MENSAL
EUPRESA Trabalho muito, muito mesmo, minha vida é puxar coisas do trabalho para o fim de semana; se eu não fizer isso, nada para em pé.	Sozinho	Até R$ 10 mil por mês
EMPRESA SEMIPROFISSIONAL Continuo trabalhando muito, muito mesmo; se eu ficar uma semana fora da empresa, ela perde o ritmo.	Até dez pessoas + sócios ou família	Até R$ 50 mil por mês
EMPRESA PROFISSIONAL Amo de paixão empreender, minha empresa funciona redondinha e eu faço a minha agenda.	Até 30 pessoas + sócios ou família empreendedora	Até R$ 200 mil por mês

Fonte: elaborado pelo autor.

Gosto de pensar que uma pequena empresa é como uma casa em construção. Você começa pela fundação, estabelece uma estrutura, levanta as paredes, depois vai dando acabamento e aprimorando a obra. Essa estrutura foi você que fez, escolhendo as pessoas certas para executar com a proposta, preparadas, capacitadas ou em vias de se capacitar para tal. Essa base é sua responsabilidade, você que preparou.

Existem fases da empresa e do seu empreendedorismo. Então, nessa etapa inicial, você precisa trabalhar intensamente e muitas vezes tem que abrir mão do tempo com a família para conseguir fazer o negócio dar certo. Mas isso não é para sempre. Chegará um momento, mais para a frente, em que você ficará mais tranquilo, pois vai conseguir tirar férias sem se preocupar, viver de maneira mais equilibrada, dar atenção à família e a outros interesses de vida. Isso é possível formando um time vencedor, que dê apoio ao negócio e o mantenha funcionando, mesmo quando você não estiver presente. Você tem um negócio, você não é o negócio.

Vai chegar o momento em que, numa segunda à noite, você decide que não vai à empresa no dia seguinte, pois precisa resolver algumas questões familiares, e então fica tranquilo porque preparou o Tiago, que vai saber conduzir as coisas da melhor maneira. E o Tiago será beneficiado por isso porque, com o aumento das responsabilidades, ele crescerá e ganhará espaço na empresa, será promovido e poderá preparar novos sucessores, que seguirão crescendo, multiplicando eficiência e gerando trabalho para mais pessoas. Conquistando esse time vencedor, o próximo passo é crescer. Então, com a casa arrumada, pode ser que você consiga flexibilizar mais o seu horário e experimentar coisas novas ou abrir outros empreendimentos.

Com certeza é possível para você

O chef Érick Jacquin, no reality-show *Pesadelo na cozinha*,[12] costuma dizer que o dono de um restaurante, o líder, tem que conhecer todo o processo: tem que saber cozinhar, comprar os alimentos, administrar o negócio, liderar pessoas, resolver o fluxo de caixa, cuidar da limpeza e da organização, saber lavar o chão. Enfim, tem que saber fazer tudo.

Eu concordo: a maioria dos empreendedores não tem dinheiro, não tem bens para vender, não teve herança, viveu em ambientes desfavoráveis ao empreendedorismo e simplesmente vai precisar fazer tudo no começo. Então, nessa fase inicial, o empreendedor também

---

12 PESADELO NA COZINHA [reality-show, três temporadas]. Direção: Maxi García Solla. Produção: Endemol Shine Brasil. São Paulo: **Rede Bandeirantes**, 2017. Disponível em: https://www.band.uol.com.br/entretenimento/pesadelo-na-cozinha. Acesso em: 20 jul. 2023.

precisa saber todos os processos da empresa, incluindo gestão financeira (contabilidade, fluxo de caixa, impostos), vendas, liderança e buscar financiamento com investidores ou bancos etc., até para poder, futuramente, coordenar as diferentes funções do seu time. Isso pode ser uma armadilha por si só, porque o fato de saber um pouco de tudo faz com que ele queira cuidar de cada detalhe com tanto preciosismo que acaba achando que só ele é capaz de fazer direito, que só do seu jeito está certo. Cuide para não cair nessa no futuro! Chegará um momento, depois de passarmos essa fase da eupresa e da empresa semi profissional, em que você buscará e terá muitas pessoas que sabem mais do que você nas áreas. Esse é o momento em que a empresa começa a fluir com mais velocidade.

Conforme o negócio for crescendo, você vai ter que começar a entender que não precisa mais saber de todas as coisas, pois agora está caminhando para outro estágio. Você vai perceber, em determinado momento, que precisa colocar alguém que saiba fazer melhor do que você cada função. Sim, no início tem que fazer tudo mesmo, mas chega uma hora que você diz: "Não vou mais cozinhar. Minha comida é boa, cheguei até aqui, mas vejo que a empresa não cresce porque eu estou sendo um 'gargalo', ou seja, as decisões mais simples travam em mim e a coisa não anda. Então agora vou trazer alguém que cozinhe melhor do que eu!"; ou ainda: "Agora vou trazer alguém que faça o controle do fluxo de caixa mais rápido e melhor do que eu, com um sistema mais avançado. Vou cuidar da visão estratégica e tática do negócio para então criar o futuro".

Nessa fase, eu não preciso mais saber com detalhes, com profundidade, como que aquele chef que contratei está cozinhando, por exemplo. Até entendo, sei como faz, até cozinho uma ou duas vezes, quando e se necessário, mas as diretrizes foram passadas. Aquela pessoa a quem ensinei, para quem deleguei a tarefa sabe fazer muito melhor do que eu porque esse é o trabalho dela o tempo todo. Muito importante: você, para começar a empreender, não vai conseguir dominar todo o conhecimento necessário já na largada. Seria muito bom que isso ocorresse, mas é muita coisa. É justamente por isso que dividi o método em 5Cs: coração, cliente, caixa, cadência e cultura (nessa ordem), que apresentarei logo adiante. Primeiro, estamos criando a base da nossa construção e, na sequência, vamos levantar as paredes e fazer o acabamento. Um passo de cada vez.

Mas o que você precisa, neste momento, é identificar suas dores e perceber em qual desses Cs está neste exato momento. É um exercício de percepção e foco. Vamos percorrer todas as etapas desse autodiagnóstico. Fique tranquilo, eu explicarei cada um dos itens e trataremos das soluções de maneira bem prática. Você já deve ter percebido que é preciso mudar. Chega um determinado momento que tem que virar essa chave e prosperar, senão vai ficar patinando, sem sair do lugar. A evolução exige treino, movimento e aprendizado.

Nos próximos capítulos, trataremos da identificação e das causas dessas dificuldades que você tem, que estou chamando de dores. Você vai perceber que tanto as dores quanto as causas estão todas muito conectadas. O problema, muitas vezes, faz parte da solução. E é nesse mar de conhecimento que vamos mergulhar juntos agora.

O PRIMEIRO A CHEGAR E O ÚLTIMO A SAIR

Hoje você é o primeiro a chegar e o último a sair da empresa, mas os resultados continuam não aparecendo. Essa situação o deixa frustrado, desmotivado e pensando em que ponto pode estar errando, sem conseguir fazer crescer algo pelo que lutou (e luta) tanto todos os dias. Pode até ser que você não tire férias há anos, não conviva com sua família como gostaria e isso até incomoda, mas não muito, pois você ama o que faz e acredita que, sim, vai dar certo um dia. Ao mesmo tempo, pensa que, se conseguisse escalar seu negócio e ampliar, tudo poderia ser mais leve e teria condições de se dedicar a outras coisas também importantes na vida.

Para entender melhor por que está vivendo esse momento, muito comum entre pequenos empreendedores, é importante você identificar em que lugar dói, para que possamos fazer um diagnóstico e partir para a solução dessas dores. Preparado? Agora vai doer.

Sintomas (dor), diagnóstico e solução

Se você está vivendo em uma situação de dificuldade e o negócio não vai para a frente, possivelmente não vai conseguir reconhecer sua situação. É que normalmente sabemos *onde* dói, não *por que* dói. Você *nunca* vai falar: "Eu não cresço porque não sei fazer uma avaliação de fluxo de caixa descontado considerando WACC". Jamais vai acontecer tal coisa, porque você não sabe que isso existe. Então, pense na dor em si, e não no diagnóstico. Você vai dizer: "Meu dinheiro está acabando e só tenho o suficiente para pagar a equipe no mês que vem". Esse fui eu, e esse é você.

Gosto muito de separar os *sintomas* do *diagnóstico* e da *solução*. Quando a gente vai ao médico, diz assim: "Doutor, estou com dor de estômago". Então, o médico examina, faz perguntas, solicita exames e descobre que é diverticulite. Dificilmente esse paciente vai dizer: "Doutor, estou com uma dor aqui e acredito que seja diverticulite" – só se ele for alguém que tenha algum conhecimento clínico ou algo assim. Senão, não sabe se é gastrite, gastroenterite ou outra enfermidade.

Com o empreendedor é a mesma coisa. Basicamente, estamos tratando da falta de conhecimento. O especialista sabe sobre as enfermidades e faz as ligações entre os diferentes sintomas. Unindo as pontas, é possível entender o que está acontecendo e chegar a um diagnóstico.

As dores de empreender

Quando começamos a empreender é que aparecem as dificuldades, pois é natural perceber que desconhecemos algumas coisas. Mas pense positivo: é bom se preparar para as adversidades, como quem se equipa para uma longa viagem pelo mar ou pega o guarda-chuva antes de sair de casa. A chuva não é "ruim", é só um desafio que pode ser enfrentado com um guarda-chuva, ou seja, a ferramenta certa.

Agora vamos identificar os desafios mais comuns do pequeno empreendedor, aquelas dores que você talvez esteja vivenciando. Conhecendo os sintomas, fica mais fácil chegar ao diagnóstico e à cura. Trataremos das soluções mais adiante.

Sobre negócios

Há tantas variáveis a serem consideradas neste tópico, mas vamos listar as dores que entendo como as mais comuns e importantes e que podem decidir o futuro de qualquer negócio.

Não sei como começar a empreender!

Ouço essa fala todos os dias e ela une dúvidas sobre como empreender e o que considerar como estrutura para isso. Medo de empreender (diagnóstico) é a primeira causa dessa dor, frequente entre os autônomos e aqueles que não começaram a empreender ainda. Alguns acabaram recentemente a faculdade, outros estão trabalhando em alguma empresa, mas querem abrir o próprio negócio.

A principal aflição aqui é estar sozinho e ter o desejo de empreender, mas sem saber o que fazer. Qual seria o primeiro passo (e os seguintes)? Vejo que geralmente não há a mentalidade do empreendedor, a pessoa não sabe ou não se vê como tal, além de desconhecer as ferramentas para empreender. A dificuldade da pessoa mais técnica ou autônoma/profissional liberal que quer empreender geralmente é a de não saber vender ou ter receio de fazê-lo. Também é comum ser perfeccionista ao extremo, o que a paralisa na jornada empreendedora. Ouço muito esta justificativa: "Meu produto não está terminado, preciso comprar tal livro antes para entender melhor um conceito ou aprender mais sobre uma ferramenta. Ainda não está bom. Preciso ajustar um detalhe aqui para começar a testar!". E nunca fica pronto. Isso pode levá-lo a abortar o pequeno negócio antes que ele nasça.

Medo é resultado de insegurança, e insegurança é não saber fazer algo e não ter confiança em si mesmo, talvez nem mesmo conhecer o melhor caminho. Os próximos capítulos lhe mostrarão que rumo tomar. Chega desse medo.

E aí, como está a empresa? *Está indo, está indo!*

A dor desse pequeno empreendedor é que ele não sabe muito bem como administrar a empresa. Faltam visão, ritmo e metas (diagnóstico). Veja se é seu caso.

Quando não se tem objetivos nem metas definidas, transparece aquela sensação de oscilação: em alguns momentos, está muito bem, em outros, muito mal, seja financeira ou emocionalmente, seja em relação a qualquer questão específica ligada à empresa. É aquela pessoa que diz: "Nossa, agora deu tudo certo! A empresa está decolando! Estou superempolgado, ninguém me segura mais!". Depois de dois meses, o cenário muda: "Nossa, agora deu tudo errado, já era!".

Sem metas, tornam-se visíveis esses rompantes, impulsos constantes que vêm e vão: "Agora, sim, olha só a nova roupa que vou produzir. Estou focado nisso no momento!". Meses depois, nem se fala mais nessa produção de roupa. É um empreendedor indeciso, um barco à deriva. Flutua de acordo com a maré, sem destino determinado. Reflita se você se encontra nessa situação.

Agora vou te falar uma coisa muito séria. Se esses rompantes acontecem na sua empresa, tente lembrar se por acaso esse mesmo vaivém também aconteceu e acontece "coincidentemente" com sua vida familiar, em casa, com parentes, companheiro(a) e filhos.

Estabelecer e manter o ritmo da empresa é uma dor recorrente entre os pequenos. O empreendedor normalmente tem dificuldade de planejar, estabelecer uma rotina de bons hábitos e rituais. Vou dar um spoiler: eu ensino uma técnica infalível para você conseguir fazer com que a equipe renove as energias e toda a motivação a cada 92 dias, dentro de uma visão geral do empreendimento. Vamos ver isso também lá na frente.

Vou contar para você o caso da Alice,[13] uma mentorada, que ilustra bem essa situação. Ela é uma empreendedora mais descolada, que trabalha com software e renderização para arquitetura. Pessoa boníssima (assim como seu companheiro), é dona de uma mentalidade empreendedora e de muita iniciativa. Sabia vender, conseguia trazer alguns clientes, mas não crescia mais. Os pontos de dor dela eram cliente e caixa, além da organização (cadência): ia aceitando os trabalhos e de tudo um pouco, com diferentes tipos de serviços, mas não conseguia fazer nada com muita qualidade e escala. Aplicou o método (que você vai aprender) e está crescendo, se desenvolvendo bastante e já está com duas pessoas na empresa e um espaço físico, além de ter aprendido a delegar.

Trataremos das soluções para essas questões nos capítulos respectivos.

Acho que vou desistir da minha ideia!

Normalmente, com aquelas pessoas que estão trabalhando em alguma empresa e querem começar um novo negócio, essa dor é causada pela falta de segurança em empreender (diagnóstico), o que mostra a dificuldade de estabelecer os pontos mínimos necessários para o sucesso

---

13 Os nomes usados nos *cases* relatados nesta obra foram alterados para proteger a identidade dos empreendedores.

da ideia. Não se começa a empreender 100% seguro em tudo. Tem que fazer, executar, claro, com planejamento, mas quero que você veja se está caindo nessa armadilha e justificando com pensamentos do tipo: "Não tenho dinheiro para começar meu negócio" ou se diz que a razão da desistência é o produto não estar pronto. No caso do prestador de serviços, ouço muito: "Não tenho conhecimento suficiente para atender as pessoas ainda!".

No final das contas, essa pessoa não sente que está preparada. E os sintomas mais evidentes disso são as dúvidas que pairam sobre sua cabeça. É natural todos termos dúvidas sobre muitas coisas, só que esse empreendedor acredita que precisa sanar todas elas para dar esse primeiro passo. Não precisa.

Esse profissional talvez saiba a parte técnica, conheça o produto, mas não tem ideia de como começar. "O que eu faço?", me perguntam. Normalmente, com medo do desconhecido, costumam comparar *empreender com segurança* com esta fala típica: "Puxa, estou aqui trabalhando nessa empresa, tenho meu salário todo mês, mas será que eu devo empreender?". É uma preocupação comum a esses empreendedores solitários. Eu consigo ajudar, mas o processo é um pouquinho diferente do que o processo daquele que já está empreendendo. Este sintoma pode estar associado a todos os 5Cs.

Sobre pessoas

Liderar uma equipe não é algo que já nascemos sabendo, e requer alguma atenção na maneira de se relacionar, se comunicar, estabelecer metas, direcionar papéis. Vamos aos principais desafios que identifico na gestão de pessoas.

Não sei o que tenho que fazer agora, qual é o meu papel?

Essa dor se concentra no fato de você desconhecer qual é realmente sua função. Normalmente, essa situação ocorre porque o fundador da empresa não assume a liderança (diagnóstico), não define os papéis e deixa de dividir responsabilidades, pois falta visão gerencial.

Cristiano é um ótimo exemplo disso. Empreendedor da área de tecnologia, ele trabalhou muito tempo em empresas nas quais se destacava. Acabou percebendo que era tão bom no que fazia dentro dessas empresas que resolveu unir algumas pessoas e abrir o próprio negócio, meio

Não se começa a empreender 100% seguro em tudo. Tem que fazer, executar, claro, com planejamento, mas quero que você veja se está caindo nessa armadilha e justificando com pensamentos do tipo: **"Não tenho dinheiro para começar meu negócio"** ou se diz que a razão da desistência é o produto não estar pronto.

@oleomack

"com a cara e a coragem", como dizem. Eu o treinei durante um tempo e as suas dificuldades eram relacionadas a não saber o que fazer nem qual era o seu papel diante de seus novos sócios, que até então eram seus colegas de trabalho. Assim que esse ponto foi resolvido, deslancharam e estão muito bem. A última vez que falei com o Cristiano, ele estava precisando de mais espaço no escritório, que já contava com uns vinte integrantes na equipe.

Aprofundaremos as dores de liderança no capítulo sobre cultura.

Não sei como cuidar da equipe!

Aqui se concentram muitos dilemas do pequeno empreendedor, que se iniciam principalmente quando ele precisa aumentar a equipe. De início, supomos que atue sozinho ou então tenha uma ou duas pessoas trabalhando com ele. É comum que surja alguma dificuldade para conseguir *delegar* (diagnóstico), já que parece mais fácil *centralizar*. A liderança também está mal estruturada. Além do mais, existe uma crença de que não há indivíduos confiáveis, que é difícil encontrar bons profissionais no mercado.

Outras crenças desse pequeno empreendedor: "Não sei fazer entrevista, não consigo encontrar pessoas boas, não sei contratar, não sei demitir". Muitas vezes, ele ajeita a situação dizendo: "Quer saber? Vou resolver meus problemas: contratarei meu irmão ou um parente". Quem nunca? Você só deveria contratar parentes se já for capaz de contratar muito bem colaboradores que não sejam da família, porque é mais desafiador trabalhar com parentes do que com pessoas com as quais não temos nenhuma relação familiar. É muito diferente esse relacionamento. Funciona, mas é outra dinâmica.

Então, você aumentou um pouquinho a equipe e tem essas dificuldades. Resolve desistir: "Quer saber, não vou mais empreender!". E fecha a empresa porque acredita que não é para você isso de trabalhar com pessoas. Você não consegue criar equipes, geri-las, passar as metas para a frente, porque "ninguém entende as orientações". Esse é um sintoma comum, e fechar a empresa é uma possível consequência.

A boa seleção de pessoas passa por um estágio anterior, o reconhecimento da própria identidade (solução) para poder estabelecer quem é compatível com o seu projeto de negócio. Na sequência, destaco desafios, como estabelecer uma boa prática de salários e um plano de crescimento profissional.

Bons exemplos dessa situação são o Paulo e o Juliano, que trabalham muito, mas muito mesmo, e são ótimos prestadores de serviço. Não cheguei a ser mentor deles, mas conversamos algumas vezes e tive a oportunidade de trabalhar com esses profissionais bem de perto. O que percebi é que a dor deles era não ter metas, e isso impedia que crescessem. Apesar disso, a dupla conquistou clientes, porque o serviço prestado era muito bom, mas não sabia delegar. E aí estava o maior problema. Eles diziam: "Poxa, o mercado é difícil, não tem gente competente para trabalhar!", "Os salários estão muito altos, não conseguimos pagar", "As pessoas não vão fazer do jeito que a gente faz, elas não são boas o suficiente, vamos ter que treinar muito e daí elas já vão sair". Eu sempre escutei isso deles. Como resultado, a empresa continua com apenas três pessoas há pelo menos quinze anos.

Nos capítulos sobre cultura e cadência, vamos resolver isso.

As pessoas não ficam na minha empresa!

As pessoas da equipe não percebem perspectivas de crescimento (diagnóstico) e buscam empresas maiores, com salários mais altos, melhor definição de funções, além de benefícios e condições mais favoráveis. Esse é um fenômeno que se repete muito. Rapidamente, elas saem da empresa, desestruturando a equipe, e você tem que começar do zero: ensinar tudo de novo, treinar processos, passar pelo tempo de adaptação do novo colaborador e muito mais. Também já vi isso acontecer centenas de vezes, e é mais um motivo de desistência.

Mas coloque-se no lugar desse colaborador de uma empresa pequena. Imagine que você fique dez anos em uma equipe de três pessoas e que a cada ano elas são rotacionadas, pedem para sair ou algo assim. Você vai ficar dez anos ensinando a mesma coisa para os novos que chegarem. E o ritmo é difícil, mal dá para conseguir tirar férias, faltar por razões maiores, pedir uma licença para resolver alguma questão pessoal.

Em uma empresa pequena, qualquer um que sai abala todo o sistema. E é por isso que o empreendedor tem que trabalhar muito no início, porque está em uma zona em que as coisas jogam contra, é preciso correr mais e mais para que consiga reverter esse ciclo. Mas, a partir do momento que você reverte esse jogo contra, as coisas fluem com mais naturalidade.

Agora, se, no primeiro ano do negócio, você consegue vender, organizar o caixa e dessas três pessoas iniciais passa a contratar mais seis ou sete, então possibilita a mudança de estágio, as coisas começam a fluir e você avança uma casa no tabuleiro do empreendedorismo. Por isso, tem que se empenhar para ultrapassar logo essa fase inicial, para não ficar patinando ali naquele ponto.

É importante sair da eupresa e empresa semiprofissional para a Empresa Profissional, em que há possibilidade de criação de um plano de crescimento profissional, mais capacitação, o incremento da seleção de pessoas, desenvolvimento de equipes eficientes, aprimoramento da qualidade da própria liderança (até porque você terá profissionais capacitados para as funções que exercia na fase inicial), a preparação dos futuros líderes, entre outras vantagens.

Aprofundaremos este universo no capítulo sobre cultura.

O time está desmotivado!

Uma coisa é certa: no final das contas, o humor do líder contagia a equipe (diagnóstico). Essa dor geralmente é identificada por algumas dessas falas: "As pessoas parecem não gostar de trabalhar na minha empresa", "Vejo muita conversa paralela!", "Eu tento falar as coisas e a equipe não me ouve", "Demora muito a entrega ou ela é limitada, não é de excelência, não atinge os resultados, objetivos e metas, falta criatividade, proatividade e inovação".

Se a equipe é reflexo do líder, você já consegue supor onde está a melhor solução para resolver esta dor. Vamos aprofundar este ponto nos capítulos sobre cadência, no qual traremos rituais e hábitos importantes para serem adotados, e cultura, em que veremos a visão da empresa, tão importante para o engajamento dos times.

A equipe não me entende!

Por falta de conhecimento e entendimento das técnicas, é natural que esse empreendedor tenha problemas com a equipe. Ouço muito nos treinamentos: "Explico pra pessoa uma vez, duas e até três vezes, e ela não entende!". E acaba achando que o profissional é incapaz ou incompetente, então começa a ter problemas na comunicação, uma dor recorrente.

Geralmente, a pessoa aumenta um pouco a equipe e não consegue delegar, fazer o negócio prosperar, pois acredita no seguinte: "Ter equipes não é pra mim". E o próximo passo é dizer: "Quer saber? Vou desistir de empreender e voltar a atuar como autônomo ou trabalhar em algum lugar que ganho mais".

Falhas ou omissões na comunicação das diretrizes adotadas pela empresa, do que precisa ser feito, do que se espera de cada colaborador e as avaliações constantes (o famoso feedback) também podem desestimular a equipe (diagnóstico) e até gerar acomodação, por não ser notada pelo líder. Mesmo em equipes pequenas, essa dor é frequente e vamos abordar por que isso acontece.

No método (especialmente nos capítulos sobre cadência e cultura), mostrarei como criar essa comunicação, que se conecta a vínculos e compartilhamento de diretrizes e condutas no ambiente corporativo.

Meu sócio é complicado!

Percebo que essa dor geralmente se associa a divergências com os sócios atuais ou anteriores (diagnóstico), o que reflete diretamente na fluidez do dia a dia. Essas desavenças corroem o negócio e vão minando a energia dos times. Ouço muito isto: "Não vou mais empreender porque não quero sócio!", "Meu sócio me passou a perna!" ou "Meu sócio não trabalha tanto quanto eu!". É comum os líderes não se entenderem, terem relacionamentos difíceis, faltar boa comunicação e uma visão específica sobre o papel e o dever de cada um. Já vi empreendedores e boas empresas quebrarem por causa de sócios, por terem problemas estruturais, por brigarem feio mesmo.

Se você acredita que sua principal dificuldade é encontrar excelentes sócios ou se acertar com os atuais, no Capítulo 4, teremos um importante passo a passo que o ajudará nessa escolha.

Sobre dinheiro

Equilíbrio das contas é um ponto bem delicado na estabilidade dos negócios. Erros básicos se repetem constantemente. Conheça algumas dores que se referem à gestão financeira:

Não tenho dinheiro! Não estou faturando o suficiente!

Essa dor é resultado de diversas causas: falta de controle de caixa, misturar o caixa pessoal e o da empresa, não planejar, não provisionar, deixar de reduzir custos e negociar valores, prazos e condições, dificuldade de definir preços, não conhecer caminhos de acesso ao crédito, não investir

Em uma **empresa pequena**, qualquer um que sai abala todo o sistema. E é por isso que o empreendedor tem que **trabalhar muito no início**, porque está em uma zona em que as coisas jogam contra, é preciso correr mais e mais para que consiga **reverter esse ciclo**.

@oleomack

em marketing (diagnóstico). E tudo isso impede que o líder resolva um ponto vital para a sobrevivência da empresa: "Como vender mais?".

Tudo começa aqui: o empreendedor começou a vender um pouquinho e então surge o problema com o dinheiro. Por quê?

Percebo que uma dificuldade muito comum do pequeno empreendedor é entender que *ele não é a empresa, mas ele está na empresa e tem uma empresa*, como já mencionamos. O ideal nesta fase inicial do empreendedorismo é sentir-se como uma pessoa contratada do próprio negócio (como se trabalhasse para você mesmo). Quando consegue perceber que a empresa tem que funcionar por si só, você entende também que tem que separar as coisas, a começar pelo caixa da empresa do seu caixa pessoal. No estágio inicial, o empreendedor costuma misturar tudo e perder o controle do que entra e sai.

E o passo seguinte a essa *falta de controle de caixa* reflete-se nesta fala: "Não consigo vender mais porque não tenho dinheiro e não tenho dinheiro porque não consigo vender mais".

A *falta de dinheiro* é uma dor constante entre autônomos e pequenos empreendedores. Dificilmente, essa pessoa vai dizer: "Nossa, estou com o meu caixa bem gordo, tudo tranquilo, estou conseguindo fazer o que quero e atingindo todos os meus objetivos". É raro que esteja em uma situação como esta. Normalmente, há problemas no caixa.

Você pode até me perguntar: "Léo, mas sou só eu na empresa. O que posso fazer para *não perder o controle financeiro*?". Vamos explorar melhor as finanças, de uma maneira bem prática. Você vai ver como tem muito a ser considerado e, sim, há diversos itens nos quais se pode enxugar gastos.

Planejamento financeiro é outro ponto vital para qualquer negócio. Não saber provisionar, não conseguir fazer uma previsão de vendas, levar susto com pagamento de férias, 13º salário e desligamento de pessoas são dores que aparecem com frequência.

Dificuldade em *definir preço do produto e de serviços* é mais um desafio comum. Parece complicado quantificar o valor do seu serviço, mas é bem frequente que pequenos empreendedores não tenham ideia de quanto gastam para produzir algum produto, apesar de terem todos os números em mãos.

Acesso a crédito é outro ponto a ser considerado e que infelizmente é bastante escasso para pequenas e médias empresas. Além disso, de tempos em tempos, com o vaivém do mercado, pegamos momentos de altas taxas de juros, que não facilitam a sustentabilidade das operações no longo prazo, quando não administradas.

Os *investimentos em marketing* e a escolha das estratégias possíveis e adequadas ao pequeno negócio nem sempre ocorrem da maneira adequada. Esse ponto, além do planejamento financeiro e os outros levantados neste tópico, será abordado no capítulo sobre caixa, que está dedicado a analisar essas questões de maneira ampla, por serem tão estratégicas para o êxito da empresa.

O *desenvolvimento de produtos e serviços* exclusivos, que envolvam inovação e criatividade,[14] também é um dos maiores desafios dos pequenos e afetam o faturamento. Não ter diferencial é parte dos problemas em relação à performance de vendas. O que vejo é que o pequeno empreendedor geralmente não vende porque não tem diferencial e não tem diferencial porque não tem tempo para criar. A aflição dessa pessoa pode ser trabalhar, trabalhar, trabalhar e não conseguir ter um crescimento financeiro.

Planejar o produto, estabelecer diferenciais e criar maneiras de ouvir do que o cliente precisa são temas essenciais que serão abordados no capítulo sobre cliente.

Sofro com impostos e burocracias!
Adequação jurídica e regulação do negócio são pontos sensíveis para o empreendedor. Ouço muitos dizerem: "Os impostos são muito altos! O governo leva tudo!". Não pagar corretamente os tributos ou desconhecê-los é um equívoco constante. Conheço vários casos nos quais foi possível fazer ajustes tributários simples e começar a economizar 10%, 15% do faturamento e até mais.

Dificuldades com impostos, tributação indevida ou erros no pagamento de tributos decorrem da falta de informação e assessoria técnica inadequada (diagnóstico). Portanto, a cura dessa dor passa pela escolha de um contador profissional, capacitado e confiável, definir procedimentos de checagem e planejamento.

---

14 COMO superar as dificuldades de empreender no Brasil. **Agência Sebrae**, 8 ago. 2022. Disponível em: https://www.sebrae.com.br/sites/PortalSebrae/artigos/como-superar-as-dificuldades-de-empreender-no-brasil,bc9ae0a0fbd72810VgnVCM100000d701210aRCRD. Acesso em: 20 jul. 2023.

Lito, meu contador há mais de uma década, é um bom exemplo da importância de um bom profissional, pois ele me ajuda com esse olhar gerencial sobre os meus negócios, indo além das orientações de contabilidade. Ele costuma me contar que boa parte das pessoas que começou a atender são pequenos e médios empreendedores, de diferentes ramos – comércio, indústria e serviços –, que não cresciam com velocidade, não conseguiam virar essa chave de serem empreendedores e erravam normalmente pela falta de organização, de método, de conhecimento das ferramentas (tecnologia também), leis fiscais e tributárias e dos sistemas. Insistia em utilizar processos manuais e impressos, em papel, fazendo as coisas de maneira amadora, além de verem a contabilidade mais como um peso do que como uma ferramenta que ajuda na tomada de decisão.

O César presta consultoria jurídica às minhas empresas há quase dez anos. Como atende micro, pequenas e médias empresas, costuma dizer que boa parte dos casos de processos judiciais ocorre por desconhecimento das leis, do que é certo e errado, do que está sendo aplicado naquele momento no município, no estado ou no país, sendo muito comuns as questões trabalhistas, que geram problemas para as empresas.

O sistema tributário brasileiro é bastante complexo,[15] a carga de impostos é pesada e o ambiente de negócios desencoraja o empreendedorismo, mas, com o conhecimento básico sobre tributação, é possível manter a saúde do seu negócio e obter benefícios fiscais para a modalidade.

O Brasil é um dos países mais burocráticos do mundo,[16] por isso, o excesso de burocracia aparece como um desafio comum entre pequenos empreendedores. Com a digitalização dos serviços que antes eram manuais e presenciais, muitos processos, tanto para a abertura quanto para a manutenção das empresas, estão sendo agilizados e essa questão pode ser amenizada com o passar dos anos.

Mas ainda há muito a saber sobre isso. Veremos tudo no capítulo sobre caixa.

15 BRASIL: aspectos gerais. **The World Bank**. Disponível em: https://www.worldbank.org/pt/country/brazil/overview. Acesso em: 20 jul. 2023.

16 COMO superar as dificuldades de empreender no Brasil. **Agência Sebrae**, 8 ago. 2022. Disponível em: https://sebrae.com.br/sites/PortalSebrae/artigos/como-superar-as-dificuldades-de-empreender-no-brasil,b-c9ae0a0fbd72810VgnVCM100000d701210aRCRD. Acesso em: 19 jul. 2023.

Autodiagnóstico

Proponho que, antes de começarmos nossa caminhada pelo conhecimento que poderá mudar sua vida, faça um diagnóstico de sua situação atual.

Vamos analisar o que está acontecendo, quais são as suas dores como empreendedor, para que possamos encontrar o melhor remédio.

Na verdade, recomendo que esse exercício de chegar a um diagnóstico seja algo permanente em sua jornada, em todos os estágios. Veremos como chegar lá. Com as ferramentas certas, você começará a ver além do superficial e vai aguçar seus sentidos para enxergar muito mais e encontrar as soluções possíveis.

Tudo bem se, neste momento, você não tiver todas as informações para resolver as questões que aparecem. Mas, quando começa a buscar mais conhecimento, tudo vai ficando mais claro e simples, como deve ser. Este é meu papel aqui: instruí-lo para que possa encontrar as saídas (que sempre existem), de maneira a começar a entender esse mecanismo um pouco melhor a cada passo que dermos. Não vamos nos aprofundar em questões muito técnicas, mas percorreremos os pontos principais do dia a dia de um pequeno empreendedor, além de darmos as diretrizes para facilitar seu caminho, direcionando para conteúdos que complementem o aprendizado.

No próximo capítulo, abordaremos as causas primárias dessas dores e caminharemos para a solução. Você vai se surpreender ao perceber como pode ser simples. Não perca o foco.

A RAIZ
DE TUDO

Imagine que você está trabalhando em uma semana comum. Seu celular (um smartphone) faz parte do seu dia a dia para resolver diversas coisas, porém, de uns dias para cá, você tem carregado a bateria a noite toda (como de costume) e, quando chega próximo ao meio-dia, ela já está quase no zero. No primeiro dia, você pensa que pode ter sido algo atípico, então deixa para lá e repete a manobra à noite. O mesmo ocorre no dia seguinte, e no próximo, e no outro.

Veja que, se você não encontrar o que está causando o uso anormal da bateria do seu celular, ele vai continuar assim e talvez até pior. E existem inúmeras causas para isso, desde aplicativos ruins, que consomem a bateria, ou mesmo um problema nela, exigindo sua troca definitiva. O ponto que quero trazer é: você precisa descobrir a causa de a bateria empreendedora descarregar rapidamente, em que ponto ela está falhando, o que não deixa você prosperar como gostaria. Melhor dizendo, o que não *deixava* você prosperar, porque, a partir de agora, tudo poderá mudar.

A maioria dos empreendedores brasileiros está em situação de muito trabalho sem crescimento porque nunca foi ensinada a pensar e agir como um empreendedor. Esse é um dos muitos fatores que podem influenciar no sucesso dos pequenos negócios e vamos tratar das três principais causas.

Educação empreendedora

Não aprendemos a empreender. No Brasil, falta educação para o empreendedorismo nas escolas,[17] especialmente nos níveis fundamental e médio. Também não vemos a construção de uma cultura do empreendedorismo dentro das famílias ou na sociedade. Há poucas iniciativas nesse sentido, a maioria na educação privada.

Nas últimas décadas, a educação brasileira tem se mostrado conteudista e focada nos resultados[18] (provas e notas). O que quero dizer é que fomos educados para passar no vestibular. Para qual curso? Não interessa! Decore aí o conteúdo e faça a prova em silêncio!

Não há uma real preocupação em capacitar os jovens para empreenderem[19] – nem para serem cidadãos, infelizmente. Os estudantes não são estimulados a aplicar os conteúdos aprendidos ou a expor as próprias ideias. Em geral, eles se comportam como meros receptores de informações, que precisam estudar para fazer provas e obter boas notas. Aquilo que nos é ensinado de matemática, sociologia, filosofia, história e, sem sombra de dúvidas, economia ainda é muito raso e não nos faz pensar com profundidade.

Começamos a percorrer um pouco mais esse tema do empreendedorismo ao nos preocuparmos em entrar no mercado de trabalho e, quando isso acontece, a sensação é de que boa parte do que aprendemos não usaremos nunca. Ao iniciar a faculdade, normalmente achamos que seremos preparados para a vida profissional, mas boa parte dos cursos nos ensina a trabalhar em uma empresa, mas não a ter uma empresa e geri-la. O foco está em receber o conhecimento para exercer

17 COMO superar as dificuldades de empreender no Brasil. *op cit.* p. 49.

18 AVALIAÇÃO escolar: foco no resultado ou desenvolvimento? **Faz Educação & Tecnologia**, 4 maio 2022. Disponível em: https://www.fazeducacao.com.br/avaliacao-escolar-foco-no-resultado-ou-desenvolvimento. Acesso em: 20 jul. 2023.

19 EDUCAÇÃO Empreendedora: entenda o que é e como aplicá-la. **Centro Sebrae de Referência em Educação Empreendedora**. Disponível em: https://cer.sebrae.com.br/blog/educacao-empreendedora-aplicacao/. Acesso em: 29 ago. 2023.

a profissão, como ocorre nos cursos de Odontologia, Psicologia, Engenharia, Tecnologia, Sistemas de Informação e tantos outros. Até mesmo as faculdades de Administração, em sua maioria, não têm desenvolvido o empreendedorismo.

Então, o profissional sai da faculdade, entra no mercado de trabalho e percebe que não tem o preparo necessário para exercer sua função, para ser líder ou o fundador do seu estabelecimento. Esse amadorismo das universidades gera o despreparo desse profissional para o que certamente ele enfrentará: contratar uma equipe, pagar aluguel, estabelecer um caixa, fazer uma programação, um planejamento mínimo para poder arcar com as despesas. E, se precisar de um empréstimo, o gerente do banco não vai querer saber quais foram as suas notas, mas vai perguntar: "Qual garantia real você me dá?". Para o banco, pouco importa se o boletim era recheado de nota dez em todas as disciplinas...

Existem poucas instituições que incluem nas suas grades curriculares tal capacitação. Lecionei em algumas delas, na pós-graduação, para vários cursos, entre eles os de Design, Marketing e Engenharia, e o meu principal desafio era preparar os estudantes para empreender na vida em apenas 40 horas. Isso mesmo: apenas míseras 40 horas. Uma série decente na Netflix tem mais de 40 horas, isso é triste. Notei que a maioria dos alunos não tinha nenhuma prática como empreendedor, tampouco informações básicas sobre como empreender. "Não sei como começar" era o que eu mais ouvia deles.

Uma formação de 40 horas para preparar um profissional para algo que ele vai fazer o resto da vida é praticamente nada! Não tem como sentir, saber, entender o empreendedorismo. Já é positivo que tenha, mas ainda não é visto como essencial.

Percebo que existe até uma visão amadora sobre o preparo dos futuros profissionais. É como se ninguém imaginasse que um dia a advogada, a psicóloga, a dentista ou a médica fosse precisar comandar seu próprio consultório ou escritório e tivesse que administrá-lo de alguma maneira. Isso é empreender. Todos teremos que empreender em algum momento, então essa capacitação precisa acontecer.

Dessa falta de educação empreendedora e desse despreparo resultam profissionais que começam uma carreira sem entender que eles mesmos são os responsáveis por essa função de gerenciamento da própria trajetória, de sua própria carreira e do próprio negócio. Vejo que demora

Percebo que existe até uma **visão amadora** sobre o preparo dos futuros profissionais. É como se ninguém imaginasse que um dia a advogada, a psicóloga, a dentista ou a médica fosse precisar comandar seu próprio consultório ou escritório e tivesse que administrá-lo de alguma maneira. Isso é empreender. **Todos teremos que empreender** em algum momento, então essa capacitação precisa acontecer.

@oleomack

um pouco para perceberem isso! É como se, após fazerem seu cartão de visitas, esperassem que os clientes surgissem "do nada", que a estrutura estivesse pronta e que tivesse dinheiro em caixa. A hora que eles começam a trabalhar, a atuar, veem que não é bem assim.

Como não tivemos uma educação empreendedora, nem de maneira acadêmica nem tácita, pela vivência e prática, é natural que erremos. Mas veja que quando você erra porque não conhece os princípios, as técnicas, jamais achará que aquilo é uma dor, porque basicamente aqueles princípios não existem para você. A frase "você não sabe o que você não sabe"[20] resume a cegueira que homens e mulheres empreendedores no Brasil vivem. Leia de novo a frase e reflita.

Toda graduação deveria ter a disciplina empreendedorismo, que pudesse preparar de verdade o profissional, liberal ou autônomo para que ele soubesse o que vai encontrar e como resolver as questões que certamente aparecerão. Tem que saber o mínimo, mas que seja uma capacitação levada a sério.

Crenças e programações

Na minha vivência com pequenos empreendedores, identifico que existem dois tipos de crenças (ou programações mentais) que podem atrapalhar a conquista de resultados. Chamo-as de crenças emocionais e crenças de empreendedorismo. Vou explicar melhor.

Crenças emocionais

As *crenças emocionais* são próprias de cada um de nós, pois vêm do nosso processo de desenvolvimento pessoal, com origem especialmente na infância e na adolescência, assim como de elementos assimilados no ambiente no qual crescemos. Essas crenças são estabelecidas a partir de experiências que vivemos, boas e difíceis, também de atitudes mais simples e frases que ouvimos dos adultos que participaram da nossa criação, como: "Você não é boa o bastante!", "Não serve pra nada mesmo!", "Você não presta! Não tem futuro!". A partir dessas falas, surgem "verdades"

---

20 CARBINATTO, Bruno. O efeito Dunning-Kruger: quanto menos uma pessoa sabe, mais ela acha que sabe. **Revista Superinteressante**, 4 set. 2020. Disponível em: https://super.abril.com.br/comportamento/o-efeito-dunning-kruger-quanto-menos-uma-pessoa-sabe-mais-ela-acha-que-sabe/. Acesso em: 16 jan. 2023.

internas que ficam impregnadas na conduta de uma pessoa, repetindo internamente ideias como "Não sou boa o suficiente", "Não mereço coisas boas!", "Não posso", "Não consigo", "Não sei" e finalmente "Os donos dos negócios só querem se aproveitar dos trabalhadores!" ou "Empreender não é pra mim!".

O *master coach* Paulo Vieira[21] aborda muito bem essas crenças e as reconhece como interpretações e pensamentos que assumimos como verdade e que nos impedem de desenvolver as competências, habilidades e emoções. Em geral, são concepções falsas ou parcialmente verdadeiras, mas que limitam a pessoa em se esforçar para erradicá-las de sua rotina.

Vieira apresenta essas crenças na pirâmide do indivíduo,[22] formada por três pilares: *ser* (*crença de identidade* – quem você acredita que é), *fazer* (*crença de capacidade* – tudo o que acredita ser capaz de fazer) e *ter* (*crença de merecimento* – o que acredita que merece). Nessas programações mentais, estão mapeados os valores ou as ideias que acreditamos sobre nós mesmos e sobre o mundo ao nosso redor. É como percebemos a realidade em que estamos inseridos, que pode nos empurrar para a frente ou congelar nossos sentidos, criando um limite ilusório que mostra até onde podemos ir, quais riscos conseguimos enfrentar, quais barreiras poderemos romper. Muitas vezes, a autossabotagem, que impede que sigamos adiante, vem desse limite invisível que nós mesmos criamos. Somos o que acreditamos ser, no final das contas.

Quais são as crenças que limitam seu caminhar, e quais são as suas crenças fortalecedoras, as que podem fazer com que conquiste seus resultados em todas as áreas da vida? O que você acredita sobre si mesmo?

Crenças de empreendedorismo

Observo, nos treinamentos, que os líderes de pequenos negócios sofrem muito com as *crenças de empreendedorismo*, aquelas que têm origem cultural ou social e que foram assimiladas ouvindo sobre os insucessos e algumas teorias criadas por outros empreendedores ou ainda

---

21 VIEIRA, Paulo. **Criação de riqueza**: uma metodologia simples e poderosa que vai enriquecê-lo e fazer você atingir seus objetivos. São Paulo: Gente, 2019.

22 VIEIRA, Paulo. **O segredo para mudar de vida radicalmente e sair do automático**. 2022. Vídeo (11min55s). Publicado pelo canal Paulo Vieira. Disponível em: https://www.youtube.com/watch?v=C0lUVFk2SlI. Acesso em: 31 ago. 2023.

As **crenças emocionais** são próprias de cada um de nós, pois vêm do nosso processo de desenvolvimento pessoal, com origem especialmente na infância e na adolescência, assim como de elementos assimilados no ambiente no qual crescemos. Essas crenças são estabelecidas a partir de experiências que vivemos, boas e difíceis, também de atitudes mais simples e frases que ouvimos dos adultos que participaram da nossa criação.

@oleomack

pela mídia e sociedade em geral. São crenças que circulam no senso comum e transparecem em frases do tipo: "Não vou ter sucesso", "Empreender é coisa de rico", "Empreender no Brasil é difícil", "Essas empresas só querem explorar os trabalhadores", "Todo dono de negócios é corrupto" e por aí afora.

Vejo que existem muitas crenças de empreendedorismo que também vão sendo criadas pela própria pessoa, baseadas nas dificuldades que ela enfrentou. E os exemplos são infinitos! Uma crença de empreendedorismo muito comum entre os profissionais é que eles *associam o sucesso ou o preço deles pelo tempo que têm de experiência ou até mesmo pela idade*. Isso funciona em partes, mas não é uma regra.

Certa vez, treinei uma psicóloga recém-formada. Quando ela começou a atender, estabeleceu um preço baixo para a hora de atendimento. Nas conversas de apoio, buscando maneiras de melhorar sua atuação, perguntei: "Por que o seu preço é esse?". Ela respondeu que havia acabado de se formar e ainda não tinha experiência. Respondi que isso não significava muito e que ela deveria cobrar um preço superior. Porque se cobrasse quatro vezes mais e o paciente pagasse e depois ele voltasse uma, duas, três vezes ou mais, significaria que ela, como terapeuta, estava gerando valor para ele porque atendeu sua expectativa, e não porque tinha anos de experiência. É assim que funciona. Então gere valor, alto valor.

Esta é uma crença comum: você só vai poder cobrar preços mais elevados de acordo com a experiência que tem, ou quando tiver determinada idade, ou de acordo com a faculdade que cursou, ou de acordo com a quantidade de pós-graduações que tem e assim vai. Na verdade, você só vai cobrar preços maiores a partir da oferta do mercado. **Você recebe o valor que gera para a sociedade. Então, se gera um valor e a sociedade paga esse valor, ótimo! Se alguém prestar um serviço ou vender um produto e as pessoas pagarem e retornarem, significa que ele está gerando valor.** Por outro lado, se prestar o serviço ou vender o produto, cobrar e o cliente pagar, mas nunca retornar, é problema. Se ele não pagar, é pior ainda. No primeiro caso, é possível inclusive subir o valor até encontrar o teto do honorário: esse é o limite de preço. O receio de cobrar está envolvido no medo de não conseguir clientes e a natural insegurança de quem está começando. É uma crença que tem que ser quebrada.

O *empreendedor aventureiro*, como chamo, é uma espécie em expansão. Ele se vê como um cavaleiro corajoso, que pode tudo, é desbravador, herói e não mede consequências. Essa falsa "coragem" de empreender no impulso sem medir riscos é uma ideia equivocada do empreendedorismo, que exclui planejamento financeiro e análise do mercado, entre outros fatores. É como um prédio sem a fundação, sem a base, e o construtor já pula para a etapa de acabamento, sem as paredes estarem levantadas. Esse método pode até funcionar no curto prazo, mas garanto que não sobrevive.

Existe aí uma crença de que o empreendedor é um aventureiro. Mas o herói verdadeiro, o empreendedor de longo prazo, aquele que empreende para construir algo grandioso e deixar um legado de verdade é o que faz o planejamento, a análise de risco, que vê quanto tem, quanto vai gastar, se prepara durante meses porque ele tem que ter caixa para começar e se manter depois... Então, não é nenhuma aventura de fim de semana!

Outro tipo bem comum é o que denomino de *empreendedor tudo ou nada*, conhecido também como *all in* e que se utiliza da estratégia dos extremos. Uma vez, ouvi uma expressão que explica bem esse perfil: o que se faz no micro acontece no macro. Sabe aquela pessoa que vai jogar pôquer e que aposta todas as fichas o tempo todo? Provavelmente, ela fará o mesmo na vida real e no dia a dia da empresa. Como na roleta ou em outros jogos de azar, ela investe tudo em uma única opção e põe o negócio a perder. Se tem uma quantia extra no caixa, pega o dinheiro e investe em comunicação digital, por exemplo, porque pensa algo como: "Ah, se eu investir aqui, vai multiplicar o meu capital e isso será ótimo!". Ela aposta tudo, o máximo, muitas vezes prejudicando o próprio negócio, seus bens e até a família porque quer fazer o negócio acontecer, sem calcular corretamente os riscos. Vejo com frequência esse tipo, que pode causar todas aquelas dores que abordamos. Vive no extremo, no "8 ou 80" – ele seria o 80. O empreendedor aventureiro faz na empresa (macro) o mesmo que faz no jogo (micro) inconscientemente.

Outra crença frequente é a do *empreendedor mão-fechada*, que vai para o outro extremo. Ele tem dinheiro no caixa, sabe que tem que investir, mas não investe, não arrisca nada (ou quase nada), normalmente por medo, desinformação ou porque "tempos sombrios estão por vir". No "8 ou 80", ele seria o 8.

Normalmente fazemos as coisas conforme aprendemos, seguindo o exemplo de outras pessoas (familiares e outros adultos) ou porque vivenciamos uma dor muito profunda. Então, esse empreendedor, que faz poucos investimentos, que "senta em cima do dinheiro", como dizem, provavelmente sofreu muito no passado com alguma situação de perda e por isso não consegue investir.

Essas crenças podem determinar o sucesso ou o insucesso do negócio. Como nas dores do empreendedor, que apresentamos no Capítulo 2, o primeiro passo é entender onde dói para poder chegar a um diagnóstico e, assim, aplicar o melhor tratamento, o que aprofundaremos nos próximos capítulos.

Mas já adianto um ponto muito importante nesse processo de reequilíbrio: seu jeito de pensar, o *mindset*. Estudos recentes mostram como a mudança de mentalidade pode atuar sobre o nosso comportamento, nossa performance, assim como no bem-estar físico e mental, com implicações que vão muito além do domínio da medicina e da psicologia. Uma grande defensora dessa ideia é a dra. Alia Crum,[23] principal investigadora do Stanford Mind and Body Lab, da Stanford University, que reuniu diversos estudos sobre o tema e vem ampliando os seus resultados.

Uma dessas pesquisas, desenvolvida pela dra. Carol Dweck,[24] nos mostra que, se mudarmos nossa mentalidade sobre inteligência e talento, de algo determinado para algo variável com o tempo, isso poderá alterar drasticamente nosso sucesso acadêmico e profissional. **Quando você percebe que sua inteligência e seus talentos não são fixos e podem ser aperfeiçoados com tempo e dedicação, desenvolve constantemente novas habilidades. Este é o mindset de crescimento! E como sempre digo, fazer + errar + aprender = treino.**

Portanto, reveja suas ideias sobre empreendedorismo, desfazendo crenças e ideias preconcebidas. Esse é o primeiro passo para fazer seu negócio dar certo!

---

23 CRUM, Alia. **Change Your Mindset, Change the Game**. Palestra proferida no TEDxTraverseCity. Michigan: 15 out. 2014. Disponível em: https://www.youtube.com/watch?v=0tqq66zwa7g. Acesso em: 20 jul. 2023.

24 DWECK, Carol S. **Mindset**: a nova psicologia do sucesso. Rio de Janeiro: Objetiva, 2017.

Conhecimento e método

Tratamos das duas primeiras causas do insucesso de qualquer empreendedor: a falta de educação empreendedora e as crenças ou programações mentais. A terceira causa fala sobre a ausência do conhecimento necessário para o negócio acontecer.

Por não dispor das ferramentas certas e da confiança em um bom método, fica mais difícil conseguir resultados positivos. Nesse estágio inicial, é comum perceber que o pequeno empreendedor ainda não sabe construir um planejamento estratégico e financeiro de curto e de longo prazo, definir um fluxo de caixa e fazer as contas para saber se está lucrando ou não, ele ignora qual é a melhor maneira de contratar com eficiência, treinar a equipe e estabelecer a cultura da empresa.

Você precisa, então, de um método, do conhecimento necessário e das ferramentas imprescindíveis para gerir o seu pequeno negócio. É o que trataremos a partir do próximo capítulo, com as soluções para fazer o seu projeto decolar.

CONSTRUINDO O SEU SUCESSO

Nos capítulos anteriores, percorremos do macro ao micro, trazendo uma visão do empreendedorismo nos níveis global (o mundo) e local (o Brasil). Você conheceu um pouco sobre o papel dos pequenos negócios e como são importantes para o país, movimentando toda a economia. Esse batalhão de mulheres e homens empreendedores vem proporcionando melhores condições de vida para tantas pessoas que poderiam estar fora do mercado de trabalho, muitas delas até vivendo à margem da sociedade e sem ter como sustentar a própria família. Os números mostram que será com a evolução das microempresas que vamos reaquecer o mercado e construir um país mais justo para todos.

Ser líder de um pequeno negócio traz prosperidade para você e para sua equipe, assim como gera valor para muitos. E, quando optar por empreender, saiba que está estabelecendo um compromisso com a sociedade, proporcionando benefícios dos mais diversos, desde sociais, econômicos, educacionais e até culturais, quebrando paradigmas e mudando a vida de milhões e milhões de cidadãos. É o que as microempresas fazem pelo Brasil.

Mas, para que você possa realizar seu sonho e crescer como empreendedor, é essencial que aprenda o básico para, assim, se estabelecer e seguir em frente. Caminhando para a eliminação das dores que vejo na maioria dos pequenos empreendedores, eu gostaria de propor soluções que, se aplicadas, poderão levá-lo a outro patamar: o seu sucesso e do seu negócio.

Começando pelos desafios da falta de educação empreendedora, estou certo de que poderão ser resolvidos com o Método da Empresa Profissional, um antídoto poderoso para a maioria dos problemas que você poderá enfrentar. Com a prática desse conhecimento, você se sentirá perseguindo um propósito maior que o levará à luz no fim do túnel e depois para uma estrada bem-iluminada! A partir deste capítulo, trataremos dessas soluções e o método será explicado em detalhes nos capítulos de 5 a 9, com os 5Cs. Um passo de cada vez, e o crescimento será certo!

E é importante reforçar uma ideia: você não precisa de mais uma formação acadêmica para começar a empreender. Não adie sua trajetória de empreendedor! Saiba que é possível criar negócios profissionais com times vencedores apenas com a força do seu trabalho e o método aplicado.

Quanto às crenças emocionais e de empreendedorismo, é importante que trabalhe nelas, primeiro pela conscientização (saber que elas existem dentro de você) e, a partir daí, procurar treinamentos profissionais com foco em autoconhecimento pessoal e, acima de tudo, autoconhecimento empreendedor. Não é culpa sua que elas existem, mas é sua responsabilidade resolvê-las, para viver uma vida plena e proporcionar crescimento a tantos que passarão pelo seu caminho.

Ter crenças é acreditar. Mas você pode escolher em que acreditar. A hora em que você realmente acredita que pode dar certo é como se estivesse colocando uma roupa de energia realizadora e se tornasse imediatamente um campeão. Com a mudança de mentalidade, olhando para si mesmo como esse campeão, você se torna consciente de que vai fazer algo grandioso!

Tony Robbins fala sobre isso em um dos seus livros,[25] defendendo a ideia de que a mesma situação pode ser vista como 100% positiva ou 100% negativa. Isso depende do estado em que você está, da percepção sobre o que o cerca, do momento em que está vivendo, das emoções

---

25 ROBBINS, Tony. **Poder sem limites**: a nova ciência do sucesso pessoal. Rio de Janeiro: BestSeller, 2017.

envolvidas e de como se vê agora. Um exemplo: alguém me fecha no trânsito. Minha reação pode ser 100% positiva ou 100% negativa, dependendo do estado em que estou, que tem a ver com as minhas crenças, com aquilo que eu programei, com o que acredito e como vejo a realidade.

E, no momento que consigo mudar uma chave dentro de mim, vendo as coisas como elas simplesmente são, com neutralidade, entendendo que é natural que aquilo ocorra de certa maneira, tudo muda. Posso olhar para o motorista que me fechou e pensar que ele deve estar perturbado ou talvez esteja resolvendo alguma emergência e nem tenha me visto. Sem tanta carga emotiva, só observando e vendo o que realmente está acontecendo.

Está tudo na forma como você vê as situações. Se não acreditar que é possível, você nem sai da cama de manhã ou não sabe nem por que está fazendo o que está fazendo.

Checklist de primeiros passos para empreender

As primeiras coisas em que o empreendedor tem que pensar são o objetivo do seu negócio e seu cliente. Então, antes de apresentar o conhecimento necessário para empreender, vamos a um checklist para começar bem. Você, que já tem um negócio, pode ir dando o *check* nos itens que já fez com sucesso.

☑ Ter um alinhamento sensacional entre sócios

Já empreendi com sócios familiares, com sócios de habilidades complementares e com sócios de habilidades conflitantes e em diferentes momentos de vida. Já vi dar muito certo e muito errado. Minha recomendação é: ao abrir um novo negócio, conheça a si mesmo, saiba em que você realmente é bom e o que adora fazer. Somente assim é possível conhecer suas fragilidades e virtudes.

Vejo que às vezes a pessoa é muito boa tecnicamente, sabe algo de maneira específica. Como no exemplo da boleira, uma confeiteira de cozinha sensacional, mas que não sabe cuidar do fluxo de caixa. E tudo bem, não tem problema, ninguém é bom em tudo. Então, o que ela precisa entender? Que, se gosta demais de fazer bolo, pode continuar fazendo bolos, profissionalizar-se nisso, criar diferenciais, ser a melhor, fazer isso com o coração!

Em um domingo qualquer, enquanto todos estavam descansando e com a família, recordo que eu e um dos meus sócios estávamos trabalhando focados na preparação de um projeto que iríamos apresentar. Cada um responsável por uma etapa, partes complementares. Nós nos olhamos em certo momento e rimos da situação porque estávamos felizes e empolgados, porque fazer aquilo, mesmo num domingo, para nós era um hobby, não era pesado, éramos complementares. Esse é o momento de tomar uma decisão: contratar alguém para sua equipe ou buscar um sócio? Então, pergunte-se: "Será que eu quero ter um sócio?".

Caso você tenha refletido bastante sobre essa questão e decidido que, sim, é importante ter um sócio complementar para seguir com a empresa, apresento alguns pontos importantes a serem considerados antes de começar a sociedade, de convidar alguém para ser seu sócio.

1. A visão de onde cada um quer chegar

Qual é o momento de vida dessa pessoa com quem você vai se associar? Por que é importante saber isso? Porque pode acontecer de você estar em um momento de vida em que esteja disposto a arriscar mais, e seu sócio talvez não. Talvez seu sócio ou sócia esteja investindo tempo em outras prioridades. Não há certo e errado. Deve-se sempre conversar e deixar tudo claro, porém, posso lhe garantir que, se os momentos de vida de vocês estiverem desalinhados, a chance de alguém sentir que trabalha mais ou que dá mais valor à empresa é bem maior. Isso poderá causar diferenças de visão no futuro e talvez até acabar com a sociedade.

Recomendo que conversem sobre a visão e vejam se isso vai fazer sentido para vocês. Pode ser que a pessoa mais conservadora precise justamente se aliar a alguém que não é tão conservador, e sim mais arrojado, para conseguir alavancar. Mas pode ser que isso quebre o negócio, porque vai chegar o momento em que um vai querer acelerar e o outro poderá optar por frear e o negócio não vai para a frente. Se um puxa o fio para um lado e outro puxa para o outro, o que acontece? O negócio não vai para lugar nenhum.

O ideal seria a junção de sócios de valores pessoais semelhantes e habilidades complementares. Você não precisa de um sócio que faça a mesma coisa na qual você já é muito bom. Voltando ao caso da boleira, que mencionei anteriormente: ela não precisa de mais uma boleira, mas sim de uma pessoa que cuide de outra habilidade que não domina.

2. As funções e os papéis de cada um

Essa também é a hora de estabelecer os papéis de cada um, o que cada um vai fazer. Por exemplo: eu vou fazer bolo e você vai cobrar os clientes, fazer as entregas e cuidar da parte contábil. Alinhe com seu sócio esses papéis, com todos os detalhes bem explicados.

Qual é a maior habilidade de cada um? Do que gostam mais? Faça esse alinhamento desde o dia zero. Quando alguém sente que entrega mais que os outros, seja por sua atividade, seja porque acredita que traz mais resultado para a empresa, acontece um desalinhamento! Os sócios não podem ter divergência de sentimento. Eles devem se sentir confortáveis com o desempenho de cada um.

3. Valores e habilidades

Os sócios têm que ter valores muito, mas muito parecidos, iguais até. Isso é extremamente importante. A confiança entre sócios tem que ser grande, tão grande que a boleira chegará ao ponto de pensar: "Eu estarei fazendo o bolo enquanto o meu sócio estará cuidando de todo o dinheiro do caixa. Não quero saber de olhar a conta-corrente. Preciso focar aqui os bolos". E o outro também estará focado nas finanças, com a segurança de que a boleira está fazendo o melhor trabalho. Se a boleira pedir doze caixas de ovos, ele vai autorizar a compra, não vai ficar questionando a quantidade. Talvez até questione, para tentar melhorar o processo, qualidade, custos etc., mas não com o objetivo de duvidar. "A boleira é a mestra nisso! Vou trazer o que ela precisa!" Cada um como especialista na área. Precisa ter essa confiança mútua!

4. Registrar o combinado

Na última etapa, é necessário registrar esse alinhamento. Reúnam-se e estabeleçam o seguinte:

- Quais são os valores pessoais de cada um? Avaliem se eles são compatíveis de verdade, sem vieses ou distorções.
- Como cada um dos sócios se enxerga para os próximos dez anos?
- O que cada um quer da empresa pelos próximos dez anos? Ter a empresa para quê?
- Quais são os papéis e as responsabilidades de cada um?
- Estamos de acordo com as divisões de trabalho? Estão justas para os próximos dois anos?

- Estamos de acordo que confiamos um no outro e nos papéis e responsabilidades, de modo que não duvidemos das habilidades, mas sim ajudemos no desenvolvimento mútuo?

5. E se tudo der errado?

É muito importante que você cumpra a etapa anterior antes de questionar isso. Porque, quando essa pergunta vem, nosso cérebro nos coloca em uma situação de sentimento ruim, como se o pior estivesse acontecendo agora e nos faz pensar de maneira improdutiva. Portanto, reforço que você deve executar até o passo anterior antes de seguir.

Agora, sentem-se e conversem sobre tudo o que pode dar errado na empresa e na vida pessoal. Em seguida, alinhem como resolveriam essas situações. A seguir, alguns exemplos de situações ruins:

- Quando alguém falecer, o que acontece?
- Quando não tiver mais dinheiro em caixa?
- Quando a empresa tiver processos judiciais?
- Quando alguém quiser desistir de empreender no negócio?
- Quando alguém se divorciar (no caso dos casados), como ficará a empresa?
- Quando ocorrer algum incêndio, roubo, alagamento, sequestro etc.?

As possibilidades são infinitas dependendo do negócio. Recomendo que, após construírem sozinhos essa visão do apocalipse, os sócios procurem um advogado e construam um documento de "acordo de sócios". Sim, é necessário, e o custo será barato em comparação aos riscos.

Tenho um *case* para compartilhar com você, do Saulo e do Fabrício, que, quando conheci, tinham uma empresa só com os dois. Empreendedores da área de tecnologia em *data center*, também começaram do zero, com grandes dificuldades no início, especialmente na parte de organização. O ponto forte deles é que eram sócios complementares: um era extremamente técnico, sabia como funcionavam os servidores, os equipamentos, quais eram as pessoas tecnicamente preparadas para trabalhar na empresa, conseguia organizar tudo e fazer a empresa crescer. O outro sócio era o vendedor, cuidava da parte comercial e vendia tudo mesmo. Eles se complementavam com muita maestria. No começo, tiveram que se dedicar bastante para manter essa organização. A última vez que os vi, estavam com uma equipe de mais de trinta pessoas.

☑ Resolver um problema real e ter um produto

Antes mesmo de abrir um CNPJ, é importante que você já tenha testado inicialmente seu produto ou serviço. Além disso, é essencial também que você tenha conseguido vender algumas unidades ou prestado alguns serviços. Como abrir um CNPJ em alguns casos pode ser caro e demorado, é válido ter um pouco mais de certeza que o que você vai vender realmente tem um público que deseja a solução. Se seu segmento de mercado exige algum tipo de regulamentação, recomendo que siga estritamente a lei para não ter surpresas futuras.

☑ Abrir uma empresa

Com um produto ou serviço em mãos, a primeira coisa que você tem que fazer é ter uma empresa constituída para começar a empreender. Pode iniciar sem ter a empresa? Pode, mas, como falei anteriormente, é muito importante validar o produto ou o serviço o quanto antes; em algum momento, você vai precisar constituir a empresa, até para que seja possível fornecer nota fiscal e se formalizar no mercado. Fale com seu contador para orientações tributárias para o seu caso. E lembre que essa formalização possibilita que seu empreendimento tenha mais chances de fechar parcerias, acessar linhas de crédito, contratar pessoas, exportar, receber subsídios do governo[26] e, acima de tudo, ser uma empresa e um empreendedor ou empreendedora profissional.

Uma opção é começar na modalidade MEI (Microempreendedor Individual), que possibilita que se contrate até um colaborador e não tenha sócio. Seria a maneira mais acessível (e barata), atualmente, para empreender. Para mais informações sobre as categorias que se encaixam nessa modalidade, acesse o site do Sebrae ou o portal do governo brasileiro.[27]

---

26 ENTENDA a importância de formalizar e registrar o seu negócio. **Agência Sebrae**, 23 abr. 2014. Disponível em: https://sebrae.com.br/sites/PortalSebrae/sebraeaz/legalize-e-proteja-seu-negocio-como-registrar-uma-empresa, e47817e688095410VgnVCM2000003c74010aRCRD. Acesso em: 4 jan. 2023.

27 BRASIL. Ministério da Economia. Quero ser MEI. Brasília, 2022. Disponível em: https://www.gov.br/empresas-e-negocios/pt-br/empreendedor/quero-ser-mei. Acesso em: 4 jan. 2023.

Se você percebe que já pode dar passos maiores, a melhor recomendação é conversar com um bom contador, que poderá orientá-lo sobre a opção mais adequada para sua área de atuação, seu perfil, considerando a região onde está e as circunstâncias do momento.

☑ Contratar um excelente contador

Se você optou pela modalidade MEI, talvez não seja necessário um contador inicialmente, já que todo o processo de abertura da empresa e download das guias de pagamento mensal do tributo DAS (Documento de Arrecadação do Simples Nacional) é descomplicado. Mas, a partir da modalidade Microempresa (ME), seria muito positivo ter um profissional assim para evitar que haja erros na tributação, o que traria problemas.

No início, é natural que não se saiba estabelecer o modelo do negócio e haja dúvidas sobre optar por empreender sozinho, como autônomo ou MEI, ter um sócio ou optar por outro modelo de atuação.

Recomendo o seguinte: encontre um bom contador, que vai orientá-lo sobre a melhor maneira de fazer a tributação. A escolha da modalidade da empresa é influenciada pelo faturamento (por uma questão legal), pelo tipo de empresa que você quer, se terá sócio ou não. O contador será a melhor pessoa para dizer qual é o melhor tipo de empresa que você pode abrir, considerando a realidade do momento e as opções disponíveis. Contratar um profissional é estratégico e não pode ser visto apenas como "mais uma despesa". Use bem os serviços de contabilidade!

Escolhendo um bom contador na prática

Há diversas maneiras de encontrar bons profissionais. Sugiro alguns passos:

1. Encontrar os melhores contadores em buscas on-line; normalmente, os que têm portais de acesso para o cliente são os mais atualizados.
2. Seguir recomendações de amigos e fornecedores.

Você deve considerar a escolha de um bom contador e de seu escritório de contabilidade como se estivesse entrevistando pessoas para trabalhar em sua empresa. Compartilharei com você algumas perguntas para seus candidatos a contador. Todas as respostas positivas apontam para um excelente contador para a sua empresa:

Quais são as empresas que você atende no meu segmento?

Se ele atende atualmente empresas no seu segmento, ótimo. Se já atendeu, bom. Se nunca atendeu, procure outro escritório de contabilidade.

Quais escritórios de advocacia trabalham com você e com quais você tem parceria? Esse serviço já entra no pacote de serviços de contabilidade?

Ter parceiros é muito bom e mostra profissionalismo. Se o profissional não tem, pode ser que seja um escritório iniciante, então, fique atento.

Qual é a especialidade do seu escritório?

As três principais especialidades são: tributária (impostos em geral), trabalhista (folha de pagamento e encargos) e contábil (organização dos lançamentos e planos de contas). O escritório que vai lhe atender deve executar essas três atividades e de preferência com especialidade no tributário, que mais causará impacto nesse início de jornada.

Você poderia me informar qual é a melhor faixa tributária e forma de tributação para eu me enquadrar?

O contador precisa responder a você sem titubear.

Quando eu precisar de um atendimento, qual é o formato de comunicação com você? Com quem eu vou falar?

Essa pergunta é fundamental porque, na hora que a coisa "pega fogo", é para ele que você vai ligar, então, tem que haver uma boa comunicação com o contador e sua equipe. Você precisa ter confiança na resposta que ele lhe dará.

Qual é o custo dos honorários? Qual é o formato de cobrança que vocês fazem? Mensal? Por faturamento?

Geralmente, quando você tem até umas três pessoas na equipe, os escritórios cobram meio salário mínimo. Até dez pessoas, por volta de um salário mínimo. Acima disso, geralmente até dois salários mínimos e assim vai progredindo. Se a contabilidade cobrar por faturamento pura e simplesmente, considere um ponto de atenção, porque o faturamento da empresa não tem nada a ver com o trabalho que o contador vai ter que fazer. Se você faturar R$ 100 mil ou R$ 1 milhão, a contabilidade terá mais ou menos o mesmo serviço, uma vez que as notas fiscais hoje em dia são feitas todas por sistemas ou por lote de arquivos. A maioria dos escritórios estabelece um valor mensal de acordo com o combinado inicialmente. Alguns definem pacotes semestrais e combinam de rever o valor depois.

☑ Abrir duas contas-correntes (pessoa jurídica) para a empresa

Isso mesmo, você deverá abrir duas contas correntes para o seu negócio, em bancos diferentes (explico o motivo no capítulo sobre caixa). Procure buscar bancos digitais, que, em sua maioria, não cobram taxas de manutenção ou que normalmente têm as menores do mercado.

Criar uma conta empresarial é o primeiro passo para separar o caixa pessoal do seu caixa da empresa, caso você ainda não o faça. Lembre-se, você *está* em uma empresa e *tem* uma empresa; você *não* é a empresa.

Um parceiro que recomendo para ajudar nesse momento é o Inter Empresas. Com eles, você tem uma conta 100% gratuita, abre sem burocracia e com tudo que sua empresa precisa.

Acesse sempre o site dos bancos para entender exatamente as vantagens entre eles. No caso do Inter Empresas a conta PJ tem Pix, boletos, programa de pontos que oferece dinheiro de volta na conta e vários serviços para investir o dinheiro da sua empresa.

Cada diferencial pode dar o empurrão necessário para você que está começando.

☑ Estabelecer meios de comunicação

Você precisa criar canais de comunicação com seus clientes e fornecedores. De início, sugiro e-mails por área (financeiro, vendas, atendimento, por exemplo), mesmo que seja somente você na empresa, porque é importante separar os assuntos. É obrigatório criar um site (pode ser bem simples) ou um blog (gratuito e fácil de fazer) para reunir as informações da empresa na internet. Assim, seu nome começa a aparecer nas buscas on-line e você poderá fazer vendas por esses canais, sem a necessidade de um escritório físico. Escolha bem as fotos para representar seu negócio nessas redes e desenvolva bons textos, que podem ser curtos, mas informativos. Procure pedir avaliações on-line da empresa o máximo que puder. Você precisa sempre estar com notas acima de quatro em uma escala de cinco pontos. Todo mundo olha para elas, então, fique sempre monitorando o Google Meu Negócio, sua nota no iFood, caso você o utilize para entregas, o Glassdoor, para ter uma marca empregadora forte, o Reclame Aqui e demais portais relevantes do seu segmento.

Um canal de comunicação muito estratégico atualmente é o WhatsApp (de preferência a versão empresarial), um aplicativo que possibilita atendimento on-line, venda direta, compartilhamento de informações sobre a empresa e seu catálogo, aviso de promoções, acompanhamento das entregas, pesquisa de satisfação do cliente (os constantes e necessários feedbacks), entre outras possibilidades. Um benefício interessante é que essas ferramentas on-line proporcionam mobilidade para quem opera, pois você pode estar em qualquer lugar do mundo, respondendo a mensagens e atendendo clientes locais e globais.

☑ Ter redes sociais como estratégia

É obrigatório criar um perfil, de início, em apenas uma mídia social, para ganhar visibilidade e compartilhar novidades. Também seria um bom canal de comunicação com clientes e uma ótima vitrine para seus produtos e serviços.

Sugiro começar pelo Instagram ou TikTok, fáceis de editar e acompanhar. O ideal é postar pelo menos três vezes por semana, com consistência. Mas não fique fazendo propaganda da empresa! O ideal é postar conteúdos que sejam interessantes para as pessoas. Podem ser relacionados à sua área de atuação, curiosidades, receitas (se você for do setor alimentício) ou detalhes sobre a preparação do seu produto. Vi recentemente um post muito bacana de uma empresa de marmitas on-line, que mostrava todo o cuidado ao preparar os alimentos, a higiene e todo o processo de embalagem. Esse post sanou a principal dúvida sobre o negócio: "Será que é um lugar limpo e confiável?". Muito melhor do que um post de promoção feito às pressas e destacando algo como "de R$ 25,90 por R$ 19,90". Então, capriche nas imagens (quando você falar com agência de comunicação e marketing, eles chamam de "criativos") e principalmente no conteúdo!

Caminhando para as soluções

As coisas que mais ouço, nas conversas com empreendedores, são: "O que faço agora? Não sei por onde começar!" ou "Não tenho ideia de como resolver tal problema!". Inicialmente, faço algumas perguntas básicas sobre a estrutura da empresa e depois percorro os 5Cs, que reúnem a base de todo negócio. Você também vai aprender a aguçar seu olhar para essa visão global sobre a empresa, para resolver ponto a ponto qualquer questão.

É importante que você entenda que há cinco coisas principais a observar na empresa. É como se cada uma delas fosse uma fase de um jogo e cada etapa resolvida permita passar para a próxima fase. Caminhando um passo de cada vez.

A primeira coisa que você tem que olhar é o coração, a segunda é o cliente, a terceira é o caixa, a quarta é a cadência e a quinta é a cultura. É importante que os 5Cs sejam considerados nessa ordem porque não adianta eu me preocupar com a cultura da empresa se sou apenas eu. Não é o momento ainda. Mas você pode me perguntar: "Por que tem que olhar essas cinco áreas e o que é cada uma delas?".

Os 5Cs são como um mapa para o empreendedor e propõem um olhar atento para as áreas dentro da empresa de maneira focada:

1º C – Coração: aqui vamos descobrir o que move você, por que se levanta todos os dias e empreende. Não estou falando de frases bonitas e motivacionais de missão/visão/valores sem sentido e significado, mas precisamos descobrir onde está o coração e como ele contribui para seus negócios. Estabelecido esse primeiro ponto, é preciso colocar a atenção no cliente, o segundo C.

2º C – Cliente: estabelecida a razão de empreender e existir, é importante conhecer o cliente e conseguir focar, sem dispersão. Se o empreendedor está começando, qual sua preocupação? Ele precisa trazer clientes. E traz, começa a fechar negócios! Mas vai chegar uma hora que terá tanto trabalho que poderá perder o controle sobre o caixa. E este é o terceiro C.

3º C – Caixa: o empreendedor precisa cuidar do caixa e vamos trazer ferramentas para isso. O maior erro é misturar o caixa pessoal e o caixa da empresa. Esse empreendedor acredita que ele *é* a empresa, e não que *está* numa empresa e *tem* uma empresa. No momento em que separa os caixas, ele "tira a água do chope" e o negócio começa a acontecer. Traremos a base para o equilíbrio desse caixa, de maneira bem simples, para você conseguir colocar em prática.

4º C – Cadência: então, você estabeleceu o objetivo do seu negócio, cuidou do cliente, separou o caixa, contratou duas ou três pessoas e está focado... Ótimo! Mas aí faltam a cadência, a disciplina, os hábitos, e o negócio começa a desandar. Quando está com problema de cadência, de processo, para manter as coisas funcionando, fazer a máquina girar, esse empreendedor começa com aquelas dores típicas: "A equipe não entende o que eu falo!", "Está difícil encontrar gente no mercado!", "Os salários lá fora são sempre maiores!", "Os impostos são muito altos!". Do que ele precisa? Cadência, disciplina, estabelecer processos para conseguir manter o que lutou tanto para conseguir. É essencial entender como esse mecanismo funciona. Essa é a cadência que ele tem que conseguir criar.

5º C – Cultura: até aqui, o empreendedor criou um objetivo para a empresa, conseguiu clientes, controlou o caixa, manteve seu negócio rodando, com a cadência e a disciplina, então, a próxima dor provavelmente será relacionada à cultura. Ele já criou ambiente organizacional, agora tem que estabelecer uma cultura empresarial que deixa claro aonde vai chegar, qual é o próximo passo da visão, o nosso propósito, o plano de crescimento profissional, os valores da empresa (diferenciando o que é valor dentro dessa empresa e o que não é). Liderança e equipe, assim como sua capacitação, também serão aprofundadas neste tópico.

Fechamos aqui o nosso ciclo de pontos importantes na gestão de um pequeno negócio, elencando as soluções iniciais para você empreender com eficiência. Realmente, são infinitas as estratégias que eu poderia citar, mas acredito que compartilhei o que é mais importante neste momento. Agora, apresentarei o Método da Empresa Profissional em detalhes, trazendo os 5Cs, itens fundamentais e básicos para a educação empreendedora.

Na imagem a seguir, ilustrei a jornada empreendedora mencionando os 5Cs. Observe onde você está e o use como guia para seus próximos passos.

Figura 2 Estágios do empreendedor relacionados ao C mais provável, em cada etapa da jornada

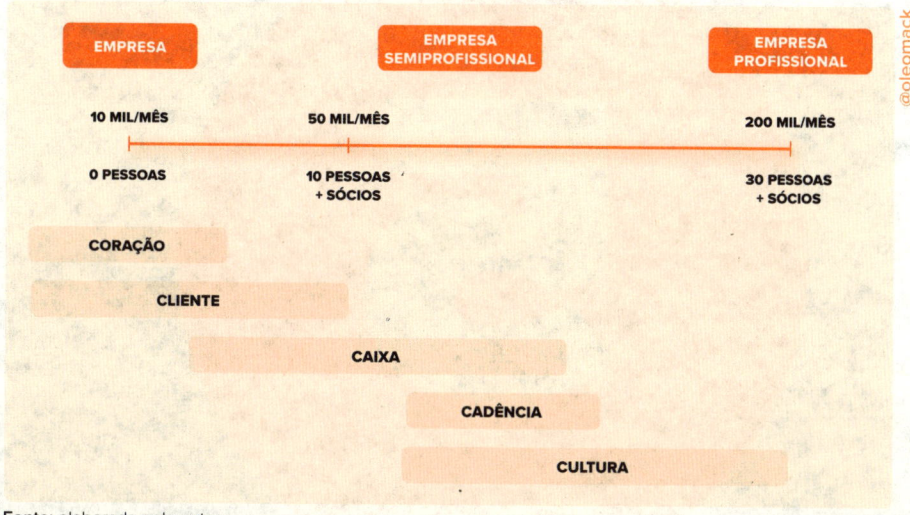

Fonte: elaborada pelo autor.

Meu objetivo é levá-lo rumo a uma Empresa Profissional, uma empresa que caminha praticamente sozinha, fazendo com que você passe boa parte do seu tempo pensando em estratégias para fazê-la crescer mais e aproveitando a jornada com alegria. É para lá que nós vamos. Então, fique positivo, aja, treine e vamos começar a transformação.

5

CORAÇÃO – VOCAÇÃO, MISSÃO E PROPÓSITO

Quando vou conversar com um empreendedor que me pede ajuda, começo o diagnóstico aplicando o Método da Empresa Profissional, que criei reunindo os 5Cs. Esses cinco pilares, que apresentarei detalhadamente a partir daqui, resolvem as dores mais comuns, os principais erros que percebo nos pequenos negócios.

Neste capítulo, estamos criando a base do nosso edifício e, na sequência, vamos levantar as paredes e fazer o acabamento. Um passo de cada vez. Vamos ao primeiro C: coração!

Onde está o coração da empresa?

Você já foi a algum restaurante e conseguiu perceber de maneira bem nítida quem eram os donos daquele estabelecimento? Sabe quando você observa uma pessoa que está atendendo os clientes e percebe o cuidado, o carinho e a atenção ao falar e resolver as coisas, o zelo pelos móveis e equipamentos, vê que sempre está de cabeça erguida, atenta, olhando para todos os lados, em busca de algo para resolver, e você tem certeza absoluta de que aquela pessoa é o empreendedor ou a empreendedora daquele negócio?

Certa vez, fui treinar uma empreendedora que tinha uma loja de varejo e, como de costume, cheguei um pouco antes ao estabelecimento e fiquei no carro, um tanto afastado da entrada principal, apenas observando. Ela chegou antes de todo mundo, abriu a loja, começou a organizar todos os detalhes para deixá-la limpa e agradável, e eu vi que "conversava" com seus produtos com tanto carinho, como se fossem pessoas. Isso é coração.

De todos os Cs, vejo que o coração é o que causa mais reflexão no empreendedor. Os outros Cs cumprem a parte mais técnica do método, são um passo a passo, um manual do que você precisa fazer em cada momento para treinar, colocar em prática e ir colhendo os resultados. Mas o coração é um pouco diferente porque provoca uma análise interior para que o empreendedor consiga descobrir qual é a razão de estar empreendendo, para que seja uma jornada movida pelo coração, por algum objetivo definido. Nós vamos encontrar e verbalizar essa razão, de alguma maneira; vamos escrever e seguir.

Parece óbvio falar sobre a importância de saber para *onde* se quer ir, mas menos óbvio é perguntar *por que* quer ir. Vejo muitos empreendedores sem rumo e sem a visão da direção de si mesmos e do seu negócio. É como se eles se preparassem para uma viagem, estivessem arrumando a mala, com tudo de que precisam, mas sem saber o destino; colocam chinelos e bermuda para uma ida ao Polo Norte. Então, o primeiro passo é saber o que move você e o que quer construir; para, assim, colocar toda a sua energia nisso.

São quatro pontos principais no coração:

1. O que é empreender com o coração?

Empreender com o coração é entender qual é o nosso propósito, sem romantismo, no momento certo. O que quero dizer com sem romantismo? As pessoas falam comumente: "Meu propósito é ajudar os outros". É um clássico. Só que esse objetivo é genérico, é dotado de pouca informação e nenhuma especificidade. Ajudar as pessoas é ótimo, mas quando, como, de que maneira? Por que é bom para você? Por que é bom para os outros? E por aí vão os questionamentos. Veja que é muito vago, aberto demais, sem fundamentação. Ajudar as pessoas é ótimo, sim, mas é um propósito que carece de mais reflexão e ação.

É preciso deixar de lado o romantismo do propósito, para que não pareça algo esotérico, que transcende a consciência. Esqueça isso. Chegar ao propósito é algo prático e deve ser fácil de visualizar e aplicar. Se você não descobriu o seu propósito, fique tranquilo porque pouquíssimos pararam para pensar nisso. O propósito pode ser confundido ou mesclado com vocação porque, de alguma maneira, está aliado a ela. Isso acaba meio que se misturando e está tudo certo.

Então, qual é o meu propósito hoje? Para ficar mais fácil, posso compartilhar qual é minha missão/vocação/propósito; e esses três pontos se fundem. Sou empreendedor serial, investidor e escritor, mas minha *missão*, o meu compromisso, o meu propósito é empreender, transformando pequenos negócios em gigantes, e compartilhar com as pessoas o conhecimento sobre o empreendedorismo que seja profissional. E de que modo expresso esse *propósito*? Por meio da minha *vocação*, que reúne meus pontos fortes, naqueles cinco pilares que mencionei antes: analisar, estudar, organizar, delegar, escalar.

Quando empreendo em várias empresas, compartilho sobre empreendedorismo, utilizando minha vocação, realizo meu propósito, minha missão. Não tem nada de romântico nisso, pois são ações que descobri em mim mesmo, de coisas de que gosto, que adoro fazer e, onde quer que eu empreenda, vou ser feliz praticando esse propósito. Sabe, aquilo que vai trazer felicidade para sua vida. Afinal, o que vai trazer felicidade para você? Como você é feliz?

Existem inúmeros propósitos, e vou colocar aqui alguns exemplos para que você veja que é possível criar o seu, sem nenhum romantismo. Você pode dizer: "Eu quero ajudar mais a minha família, de modo que consiga ter uma saúde financeira". Esse é um propósito.

Você, leitor, também pode ter outros propósitos: contratar mais pessoas porque quer ter uma empresa maior, abrir mais uma loja na cidade ou até mesmo expandir o negócio para todas as regiões do Brasil, gerenciar a empresa de modo que ela seja profissional, lançar novos produtos, entre outros tantos exemplos. Vou ajudar você de uma maneira bem simples:

Figura 3 Revelando minha vocação

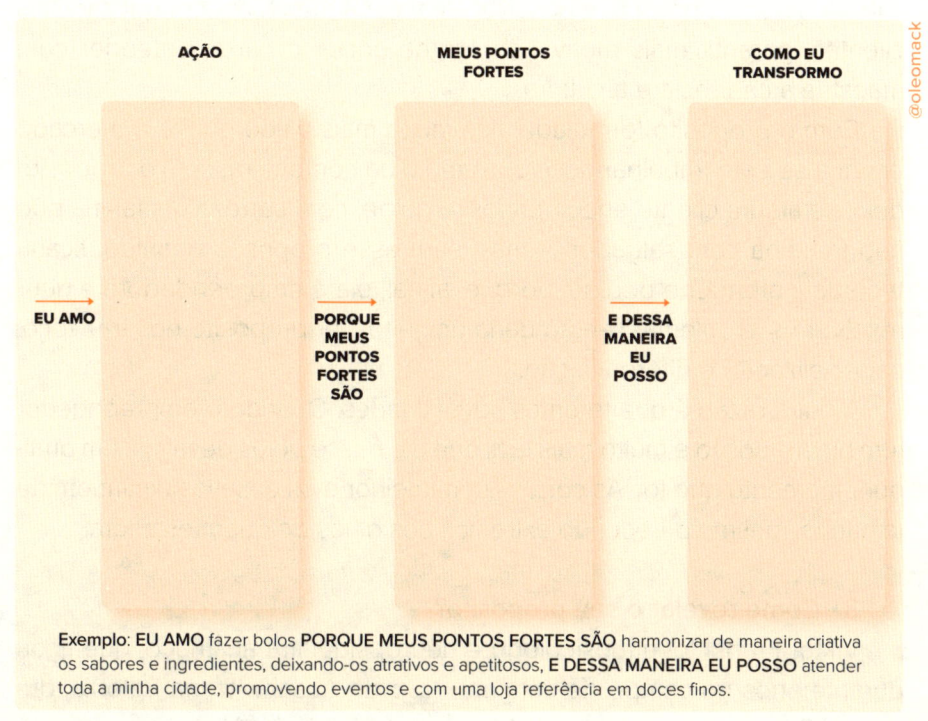

Exemplo: **EU AMO** fazer bolos **PORQUE MEUS PONTOS FORTES SÃO** harmonizar de maneira criativa os sabores e ingredientes, deixando-os atrativos e apetitosos, **E DESSA MANEIRA EU POSSO** atender toda a minha cidade, promovendo eventos e com uma loja referência em doces finos.

Fonte: elaborada pelo autor.

O propósito, essa vocação, muda de acordo com a jornada. Então fique tranquilo porque ele não vai perseguir você pelo resto da vida. Pode ser renovado a cada fase da carreira, a cada momento da jornada, porque mudamos e assimilamos novas informações e ideias. Não é porque temos um propósito aos 18 anos que precisamos segui-lo até a maturidade. O que vale a pena é sempre refletir a respeito daquilo que estou fazendo sobre esse propósito e ajustá-lo se precisar. É importante ter essa liberdade de, a cada década ou a cada tempo determinado por você, revisitar esse propósito e validá-lo mais uma vez, saber se ele permanece vivo ou se necessita de algum tipo de alteração. Reflita e escreva seus pensamentos.

2. Por que é importante que seu propósito seja revelado neste momento?

Percebo que, a partir dessa descoberta do propósito, os empreendedores encontram energia de sobra para seguir para os próximos Cs (cliente, caixa, cadência e cultura). Somente com esse direcionamento, sabendo do seu porquê, é possível alcançar a plenitude, conquistar mais clientes, garantir mais motivação em gerenciar o caixa, entender com maestria a cadência e a cultura.

Com o propósito formulado, fica muito mais nítido qual é o mercado em que se está trabalhando. No exemplo da confeiteira, com o propósito dela, se algum cliente encomendasse quibe, com certeza ela falaria que não trabalha com salgados – mas, sem esse propósito definido, ficaria tentada a atender o pedido, porque, afinal, ela é empreendedora e quer resolver os problemas, então daria um jeito. Ter propósito nos traz foco, especialização e diferenciação.

A outra razão é que teremos adversidades. Quando o empreendedor tem um propósito é muito mais fácil que ele passe pelos desafios, em qualquer momento que for. As coisas fluem melhor e os desafios diminuem de tamanho, mesmo parecendo extremos aos olhos de quem está fora.

3. Como revelar o seu propósito?

Viktor Frankl foi um psicólogo e neuropsiquiatra austríaco, que ficou durante anos no campo de concentração de Auschwitz, na Polônia, durante a Segunda Guerra Mundial. A partir dessa experiência, que o testou nos limites da própria humanidade, Frankl construiu sua linha psicológica, a logoterapia, que focaliza a importância do sentido da vida. Em seu livro mais conhecido,[28] ele narra uma passagem de muito valor, enquanto estava no campo de concentração:

> O chefe do meu bloco, um estrangeiro que outrora fora um compositor musical bastante conhecido, disse-me certo dia: "Ei, doutor, gostaria de lhe contar uma coisa. Há pouco tempo, tive um sonho curioso. Uma voz me disse que eu poderia expressar um desejo, que poderia dizer o que gostaria de saber e ela me responderia qualquer pergunta. Sabe o que eu perguntei? Quero saber quando a guerra terminará para mim. Sabe o que quero dizer: para mim! Isto é, queria saber quando seremos libertos do nosso campo de concentração, ou seja, quando terminarão nossos sofrimentos". Perguntei-lhe quando tivera esse sonho. "Em fevereiro de 1945", respondeu. Estávamos

---

28 FRANKL, Viktor. E. **Em busca de sentido**: um psicólogo no campo de concentração. Petrópolis: Vozes, 1991, p. 99-100.

no começo de março. "E o que te disse então a voz em sonho?", continuei perguntando. Bem baixinho, me segredou: "Em trinta de março...".

Quando esse meu companheiro me narrou seu sonho, estava ainda cheio de esperança, convicto de que se cumpriria o que anunciara aquela voz. Mas a data profetizada se aproximava cada vez mais e as notícias sobre a situação militar, na medida em que penetravam em nosso campo, faziam parecer cada vez menos provável que a frente de batalha, de fato, nos trouxesse a liberdade ainda no mês de março. Deu-se então o seguinte: em vinte e nove de março, aquele companheiro foi repentinamente atacado de febre alta. Em trinta de março, no dia em que de acordo com a profecia a guerra e o sofrimento (para ele) chegariam ao fim, ele caiu em pleno delírio e finalmente entrou em coma... No dia trinta e um de março, ele estava morto. Faleceu de tifo exantemático.

Frankl defendia que, quando temos um propósito, mantemo-nos vivos, e, se não o temos, é como se estivéssemos morrendo pouco a pouco. A busca de sentido na vida, portanto, é a principal força motivadora no ser humano.

Trazendo para o nosso contexto, percebo que, enquanto o empreendedor não consegue descobrir o seu propósito, ou pelo menos colocar atenção nisso para iniciar esse movimento, é como se ele estivesse morrendo aos poucos, deixando de viver sua natural potencialidade.

Robert Greene[29] nos inspira de outro modo, nos ensinando sobre maestria e vocação. E, se referindo a muitos mestres – como Sócrates, Mozart, Goethe e Leonardo da Vinci –, ele se pergunta: como foi que alcançaram a excelência, a maestria? Que escolhas fizeram para que se destacassem tanto? Nesse questionamento, ele chega à singularidade, ao fato de que somos seres únicos e sem igual no universo. Os mestres, portanto, seriam aqueles que exploram mais intensamente essa singularidade em si mesmos, permitem que as coisas fluam naturalmente, seguindo sua vocação, permitindo que forças internas os atraiam para certas experiências e vivências, o que influencia o seu desenvolvimento pessoal de maneira muito específica. Por isso eles brilharam tanto, ou seja, somente explorando nossas vocações e pontos fortes é que seremos mestres e excelentes.

---

29 GREENE, Robert. **Maestria**. Rio de Janeiro: Sextante, 2013.

Os **mestres**, portanto, seriam aqueles que exploram mais intensamente essa singularidade em si mesmos, permitem que as coisas fluam naturalmente, seguindo sua vocação, permitindo que forças internas os atraiam para certas experiências e vivências, o que influencia o seu desenvolvimento pessoal de maneira muito específica.

@oleomack

Conseguimos sentir esse fluxo quando estamos fazendo aquilo de que realmente gostamos e parecemos nos mover (ou pensar, agir, escrever, calcular) com tal facilidade que o tempo para e mergulhamos em um momento de inspiração e fluidez. Essa singularidade seria como uma semente e a nossa missão de vida é cultivá-la até o seu pleno florescimento, expressando-a por meio do trabalho. Temos, afinal, um destino a ser realizado. Portanto, quanto maior for a intensidade com que cultivamos essa semente, maior será a nossa chance de realizar a missão de vida e conquistar a maestria e a felicidade.

Vejo a conexão dessa singularidade com a vocação aplicada ao trabalho. E, quando conseguimos perceber esse propósito, entendê-lo, é possível alcançar a maestria que Greene menciona. Quando atingimos a maestria, conseguimos fazer as coisas fluírem naturalmente, livremente. Muitas vezes, é mais fácil perceber essa característica no esporte, quando vemos um atleta fazer um movimento que parece tão fácil, tão simples, mas só porque ele já chegou na maestria, já é mestre na prática daquele conhecimento.

Existe uma sabedoria popular que diz o seguinte: nós podemos ser qualquer coisa, nos tornarmos o que quisermos, basta estudarmos, colocarmos em prática e treinarmos. Don Clifton[30] nos traz algo que complementa esse conceito: quanto mais praticamos algo, até que se torne natural para nós, menos esforço precisaremos fazer.

O segredo, então, é focarmos nossos pontos fortes. Quanto mais trabalharmos essas virtudes, a nossa vocação natural, mais rápido vamos conseguir alcançar essa maestria. Por exemplo, eu percebo em mim uma maestria para liderança e gestão. Posso bater uma bola com os amigos, jogar futebol de vez em quando e poderia, claro, praticar bastante para conseguir jogar bem, mas teria que treinar muito. Porém, sou muito melhor em liderança e gestão, então, para alcançar a maestria nisso, preciso colocar um esforço muito menor e vou me tornar mestre, alcançando essa fluidez com mais naturalidade do que se me dedicar a uma área em que não tenho tanta aptidão.

Clifton nos conta que, nas últimas décadas, o Instituto Gallup estudou como o talento pode ser aplicado em diferentes funções, de padeiro a presidente de empresa. Pesquisaram em diversos países, culturas e

---

30 CLIFTON, Don. **Descubra seus pontos fortes 2.0**. Rio de Janeiro: Sextante, 2019.

setores e o que descobriram é que há inúmeros heróis se destacando graças a seus pontos fortes. Também constataram algo interessante: que ter a oportunidade de desenvolver os próprios pontos fortes é mais importante para o sucesso do que o cargo, o título ou mesmo o salário.

Na pesquisa, entrevistaram mais de 10 milhões de pessoas sobre esse tópico específico e a maioria, aproximadamente 7 milhões, não tem oportunidade de se concentrar no que faz de melhor. E o que acontece quando você não está na "zona dos pontos fortes"? Simplesmente, na vida profissional, você se torna seis vezes menos propenso a se envolver em suas tarefas do dia a dia. Segundo o pesquisador, quando não é capaz de usar seus pontos fortes, é provável que você ou seu time:

- Detestem ir para o trabalho.
- Vendam menos.
- Tenham mais interações negativas do que positivas com suas equipes.
- Tratem mal os clientes e talvez nem percebam.
- Digam aos amigos que trabalham em uma empresa horrível.
- Produzam menos diariamente.
- Tenham menos momentos positivos e criativos.

Além das interações distorcidas no aspecto profissional, se apresentam mais implicações sérias para a saúde e os relacionamentos, caso não se esteja na zona dos pontos fortes. E as mesmas pesquisas demonstram como uma abordagem baseada em pontos fortes aumenta a confiança, o direcionamento, a esperança e a gentileza em relação a outras pessoas.

E a pergunta que surge é: então, por que todos não levam a vida a partir do que fazem de melhor? A resposta está em dois grandes fatos. O primeiro é que a maioria das pessoas está em um ambiente que não proporciona o desenvolvimento desses pontos fortes, seja pela rotina, pelas amizades, pelo ambiente familiar, seja qualquer outra circunstância que a leve para longe disso, que a jogue para baixo. O outro fato é que a maioria desconhece os próprios pontos fortes – ou os dos que estão em seu entorno. Daí a importância do autoconhecimento, de conhecer a si mesmo, como apoio para uma vida em equilíbrio e em busca de ambientes favoráveis ao desenvolvimento.

Clifton finalmente nos lembra de uma frase de Peter Drucker, considerado o pai da administração moderna: "A maioria das pessoas acha que sabe o que faz bem. Em geral, estão enganadas[...] E, no entanto, o desempenho de alguém só pode ser baseado em seus pontos fortes".[31]

Chris Zook e James Allen[32] também nos trazem um outro tema para reflexão: a importância da mentalidade do fundador, do empreendedor que dirige o próprio negócio. Essa mentalidade está representada por três pontos: missão insurgente, cabeça de dono e obsessão com a linha de frente, estimulada pelo propósito.

A mentalidade do fundador, então, seria uma enorme vantagem competitiva para uma pequena empresa que precisa conviver com outras dotadas de mais recursos. Outro ponto é que nas companhias nas quais o fundador segue atuante, o desempenho é três vezes maior do que nas demais (veja o gráfico a seguir). Essa mentalidade está no coração, na vocação e no propósito.

Gráfico 1 Empresas lideradas pelo fundador, munido de propósito, superam as demais

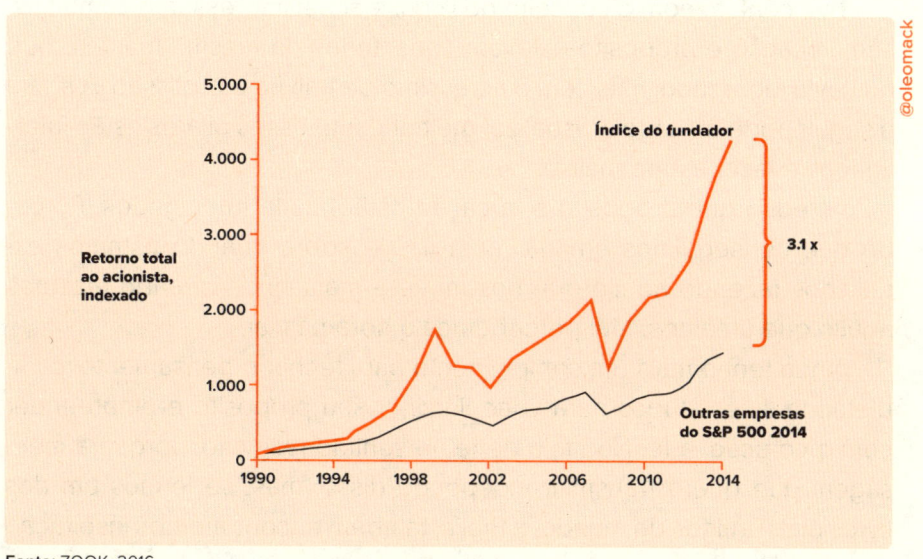

Fonte: ZOOK, 2016.

---

31 CLIFTON, 2019.

32 ZOOK, Chris; ALLEN, James. **A mentalidade do fundador**: a chave para sua empresa enfrentar as crises e continuar crescendo. São Paulo: Figurati, 2016.

Todo empreendedor, afinal, almeja produtividade e lucro, mas muitos não entendem que a melhor maneira para consegui-lo é por meio da prioridade motivada pelo propósito. Gary Keller e Jay Papasan reforçam essa ideia: "quanto mais produtivas são as pessoas, mais intenção e prioridade as motivam e direcionam".[33]

O propósito seria, então, o caminho direto para o poder e a principal fonte da força pessoal, que tem em si convicção e perseverança. Quando se define um propósito para sua vida, surge a clareza dos objetivos concretos, o que coloca ainda mais convicções em sua direção, levando a decisões mais efetivas e até originais e inovadoras. E, quando você faz as melhores escolhas, tem a oportunidade de vivenciar as melhores experiências. É por isso que saber aonde vai o ajudará a chegar aos melhores resultados possíveis e às melhores experiências que a vida tem a oferecer. O sucesso é o resultado natural dessa equação.

Segundo o conhecimento popular japonês, para se viver bem, é importante encontrar o *ikigai*, a razão de viver, o seu propósito. Quando se tem um *ikigai* definido e claro, que justifica sua existência, é possível alcançar uma vida com mais equilíbrio, felicidade e longevidade.

Tive contato com o conceito de *ikigai* e achei interessante como missão, vocação e propósito estavam conectados da mesma maneira que eu havia idealizado, mas com o acréscimo de paixão e profissão. A figura a seguir pode ajudá-lo a visualizar melhor como esses pilares estão interligados e fazer a autoanálise.

Acredito que propósito e vocação estão muito interligados. Percebo que conseguimos emanar energia de sobra quando estamos extasiados fazendo aquilo que nos move e mais ainda quando fazemos aquilo que amamos. Mal percebemos a hora passar.

Ainda tenho mais um complemento para fechar o pensamento, completando seis estudos para você iluminar seu propósito e empreender com o coração: a fé. Não falo de fé no sentido religioso, porque a mensagem que quero transmitir independe disso, mas, se lermos um dos livros mais antigos do mundo, a Bíblia, também encontraremos inspiração sobre o valor do foco e do propósito. Destaco um trecho de Isaías 26:3,[34]

---

33 KELLER, Gary; PAPASAN, Jay. **A única coisa**: o foco pode trazer resultados extraordinários para sua vida. São Paulo: Figurati, 2014. p. 121-130.

34 BÍBLIA, A. T. Isaías 26:3. **Bible.com**, 2023. Disponível em: https://www.bible.com/pt/bible/129/ISA.26.3.NVI. Acesso em: 14 mar. 2023.

em que lemos: "Tu, Senhor, guardarás em perfeita paz aquele cujo propósito está firme, porque em Ti confia".

Figura 4 O gráfico *ikigai* reúne os pilares do propósito e do bem viver

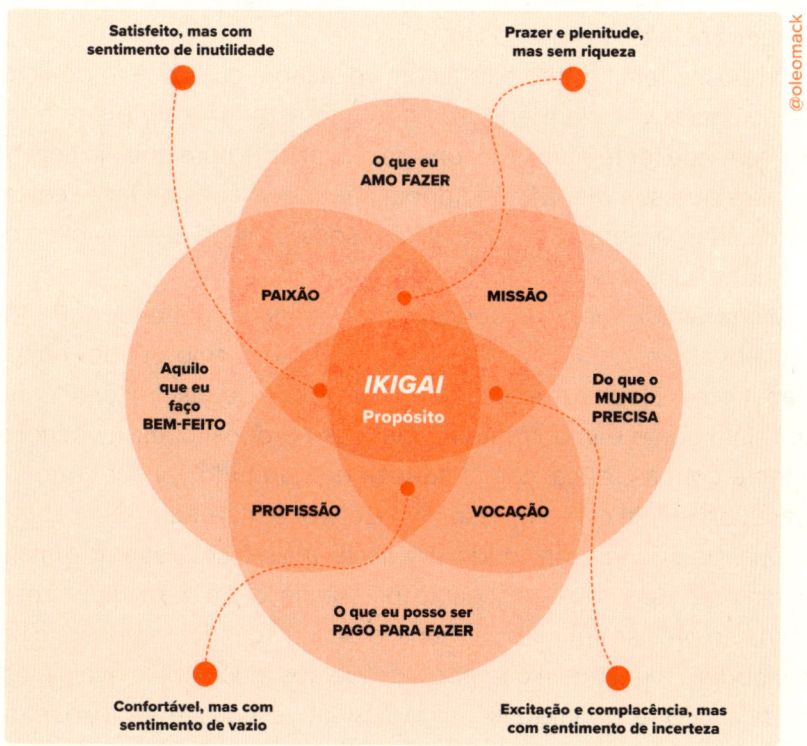

Fonte: GAMA, Kênia. **Desperte a mulher brilhante que existe em você**. São Paulo: Gente, 2021. p. 168.

4. A ligação entre propósito e coração

Quando o empreendedor consegue perceber a conexão entre propósito e coração, tudo muda. Essa ligação se dá normalmente quando estamos fazendo aquilo que amamos, o que nos faz feliz, acionando aquele que realmente é o nosso real objetivo. Na hora que isso acontece, nosso coração se abre e aí não interessa o que aconteça, a adversidade que for, a gente fica feliz porque sabe que vai conseguir resolver os desafios e estaremos tão motivados que os obstáculos simplesmente tomarão menores proporções.

Se empreendemos com o coração, conseguimos ter mais energia para dar nosso melhor. Acredite, nos momentos difíceis, empreender com o coração nos faz superar os conflitos e conseguir virar o jogo de maneira muito mais fácil e fluida. Se quando as coisas estão mais difíceis o coração ajuda muito, imagine quando estão indo bem, sem muitas adversidades! Se estamos vivendo um momento de abundância e colocamos o coração naquilo que fazemos, potencializaremos nosso negócio de modo incalculável. Colocar o coração no que se faz é uma consequência de ter propósito.

Propósito tem ligação direta com vocação e com fé, a fé de acreditar que as coisas vão dar certo porque você está fazendo o seu trabalho. Você tem que ter fé para que consiga ser mestre, para que aja com maestria, para que sua mente não adoeça, para que consiga fazer coisas extraordinárias e gerar valor a mais pessoas e ajudá-las a evoluir, o que trará benefícios para todos.

Minha amiga empreendedora, meu amigo empreendedor – posso chamá-lo assim, certo? Falei aqui sobre o que é empreender com o coração, trouxe alguns exemplos de propósitos, de inspirações, para que você sinta como é importante revelar esse propósito, essa vocação, e a sustente com a crença, com a certeza de que tudo vai dar certo, comumente conhecida como fé. Isso vai fazer você mais feliz.

Quando souber para onde vai, ficará mais fácil preparar a mala e o espírito para essa nova e instigante jornada de longo prazo. Lembre: o propósito não precisa ser difícil, romântico ou transcendental, mas sim básico. E ele poderá mudar com o tempo, porque nós mudamos e evoluímos nossas ideias. Pode, de início, ser algo bastante simples mesmo, que depois vai se sofisticando e ganhando corpo. O que importa mesmo é que tenha origem no seu coração.

CLIENTE — CONHECER E SURPREENDER MEUS CLIENTES

No passo 1 do Método da Empresa Profissional, você pôde perceber a importância de estabelecer o seu grande objetivo. Conseguir encontrar sua vocação faz parte do processo, mas fique tranquilo, essa lucidez não aparece da noite para o dia. Apenas reflita diariamente sobre isso e a resposta começará a se consolidar. Ao falar sobre cliente, percorrerei os quatro pontos principais para você se destacar no seu segmento e ter uma marca forte, a base de qualquer negócio.

Talvez quem olhe para este método e seja mais técnico possa perguntar: "Léo, onde está o produto nos 5Cs? Produto é o coração de qualquer negócio, não é mesmo?". É aí que está a sacada: o produto está dentro do cliente. Porque você resolve o problema, a dor do *cliente*, mas muita gente faz o contrário: começa pelo processo da criação de um produto e, sem querer, "acha" um cliente. Funciona? Pode até ser que sim, mas existem grandes chances de você ter um produto maravilhoso que ninguém quer comprar. Não sou apenas eu que afirmo isso. Você pôde observar no começo deste livro que grande parte das empresas fecha as portas nos primeiros anos de vida, justamente por não existir um público para comprar, ou seja, um produto de que ninguém precisa.

Assim, vamos entender conceitualmente que um ótimo produto, seja físico ou digital, seja uma prestação de serviço, é a consequência de se ter um bom cliente-alvo, com um problema real para ser resolvido.

Neste C, vamos então contra a maré, vamos contra o que pode parecer óbvio, olhar para o cliente e, assim, descobrir o produto. Com essa visão, você não será levado àquela obstinação pelo produto perfeito. Essa obstinação, muitas vezes, é o que o impede de dar o primeiro passo nas vendas. Ouço muito isto: "Eu ainda preciso melhorar o meu produto porque não tem o recurso 'ultramegakinderblaster'" ou "Tenho que fazer o curso 'Os dez mandamentos para ser o bonzão' e depois, sim, atender as pessoas no meu consultório". Não vejo que esses sejam os melhores caminhos.

Vamos começar por algumas perguntas: qual é o cliente que eu vou atender? Qual é o problema que vou resolver? Pense mais sobre isso; escreva sobre isso. E depois você vai pensar na solução, no seu produto. Que pode ser uma caneta, um livro, um computador, mas o pensamento deve estar no cliente: como resolvo o problema dele.

Conhecer o cliente-alvo

Normalmente, quem está começando a empreender quer atender a todos os tipos de clientes que aparecem na frente. E ele acaba atendendo até aqueles que vêm por uma indicação equivocada de algum amigo desse novo empreendedor que não entendeu bem o que ele faz, para não se "queimar". Por quê? Porque ele precisa de caixa, de dinheiro, então, se pedirem para fazer um trabalho extra aqui e acolá, prontamente vai aceitar. Tudo bem pensar assim durante um curto período, mas tenha consciência de que quanto antes você definir especificamente o que você faz, melhor. Existe também a crença de que quanto mais você trabalhar, mais vai crescer. Até faz sentido, mas não para sempre.

Digamos que um advogado especializado no direito tributário, que domina esse segmento, não esteja conseguindo vender seu serviço nesta área. Ainda por cima, está com dificuldades no caixa. Um amigo dele pergunta se poderia atender um caso de aposentadoria (direito previdenciário), o que prontamente concorda em fazer. Passa mais um tempo e outra pessoa chega e pede que ele assuma um caso de processo civil e ele vai lá e faz. Então, esse empreendedor autônomo se sujeita a assumir vários serviços que não coincidem com sua real paixão, vocação e propósito, nos quais não tem aptidão ou de que talvez até nem goste, apenas por conta do seu déficit financeiro. Será que seu atendimento será de excelência se o trabalho exigido não é o que ele melhor conhece e desempenha?

Entendo que tal situação muitas vezes é necessária. Sei que não cabe dizer para o empreendedor não seguir esse caminho, senão ele fica sem dinheiro. Não é essa a ideia. Entretanto, esse período de atendimento sem segmentação precisa de uma data final, um limite. Talvez ele tenha até que economizar por um tempo, ter um caixa de pelo menos seis meses, para depois poder parar de fazer esses bicos e focar a atenção no que realmente interessa. Você vai perceber que, quando fizer esse ajuste, sentirá o efeito positivo nas suas finanças.

E como encontrar o seu cliente foco? A resposta a esta questão tem duas vertentes e você vai entender melhor essa relação.

a) Como encontrar o cliente foco – estratégia para o empreendedor que não está conseguindo vender seu produto ou serviço ou que está começando a empreender

Os autores do livro *Mude ou morra*[35] recomendam que a primeira estratégia é trazer o cliente para o início do processo, da criação do produto, do seu atendimento, da prestação de serviços, da venda que você quer fazer. O ideal é que não se faça nenhum lançamento ou modificação sem envolver o cliente desde o primeiro momento do projeto. Pare de tentar adivinhar o que o cliente quer. Vá até o cliente, converse com ele e entenda seus problemas profundamente.

O ponto aqui é que não existe aprendizado sem experiência e não existe experiência sem erro, ou seja, para crescer, vamos errar. Então, o objetivo é trazer o cliente para o processo, para conseguir desenvolver o produto que ele quer, e não aquele que a gente acredita que ele queira.

Quando trazemos o cliente para o processo, o ideal é que identifiquemos qual é a dor que ele tem. A dor é o problema que precisa

---

35 MENDES, Renato; BUENO, Roni Cunha. **Mude ou morra**: tudo o que você precisa saber para fazer crescer o seu negócio e sua carreira na nova economia. São Paulo: Planeta Estratégia, 2018.

ser resolvido. Vamos ver um exemplo: em determinada região da cidade, está sendo instalada uma nova estação de metrô. Normalmente, isso movimenta o comércio e atrai muitos trabalhadores para a região, que acaba se desenvolvendo ali nos arredores. Imaginando a vida das pessoas daquele local, elas vão dizer que, com a chegada do novo metrô, uma das coisas de que mais sentem falta são restaurantes para almoçar, porque tudo é novo na região. Estou certo? Pode até ser que sim, mas só vou descobrir quando eu realmente for ali e perguntar, conversar com os potenciais clientes e entender o que eles estão passando. Depois da hipótese validada com os clientes reais, posso concluir que a instalação de um restaurante ou um delivery muito próximo resolveria a dor daquelas pessoas que trabalham nos arredores. Elas têm essa dor porque precisam almoçar, e o restaurante resolveria isso. Simplifiquei, mas a ideia aqui é você trazer esse fácil raciocínio para o seu negócio. Vá bater perna, fale com seu cliente.

Steve Blank e Bob Dorf[36] alertam: um dos maiores erros em empreender é presumir saber o que o cliente quer. Parece óbvio, mas é preciso *estar em busca do que o cliente quer*, não do que nós queremos ou achamos que ele vai precisar. Então, o que você precisa fazer é elaborar um roteiro de descoberta de dores, de dificuldades que o seu cliente possivelmente tenha. Vai ser uma experiência incrível.

Se você pensou: "Léo, já conheço meu cliente", convido-o a esquecer isso e ir conversar com ele como se não soubesse nada. Caso você não queira, tudo bem, o pior que pode acontecer é continuar na mesma situação em que está agora. É isso que você quer? Ao pensar na resposta, não fique chateado comigo: estamos juntos nessa, confie em mim.

b) Como encontrar o cliente foco – estratégia para o empreendedor que está conseguindo vender, mesmo que pouco, seu produto ou serviço

Se você já vende, fica mais fácil identificar o cliente foco. Mas *quem é esse cliente foco?* É aquele que você já atende com

---

36 DORF, Bob; BLANK, Steve. **Startup**: manual do empreendedor. Rio de Janeiro: Alta Books, 2014.

excelência; o empreendedor sabe quem é, ele consegue perceber aquele que atende bem e aquele que não. Características desse cliente foco: ele sai feliz do atendimento, está satisfeito, indica o produto ou serviço para outras pessoas, compra novamente e retorna com certa frequência. Isso significa que o cliente está gostando e o empreendedor faz esse produto ou atendimento com muito prazer, com excelência.

Ponto importante aqui: observe que, quando esse cliente paga, é porque viu o valor contido naquela prestação de serviço ou naquele produto. Então, a partir do momento que você comprou este livro, ou que alguém o comprou para você, significa que foi visto algum valor nele, seja pela capa, pela editora, pela indicação de alguém; algum valor existiu, alguém esteve disposto a pagar por isso, portanto, ele vale o que foi pago.

Muitas vezes, os empreendedores não conseguem ter essa percepção de que quando recebem um dinheiro é porque as pessoas viram um valor naquilo que eles estão fazendo. E toda vez que alguém paga por alguma coisa, que esse valor é transacionado, significa que você está resolvendo um problema, que está conseguindo ajudar. Você está atendendo uma necessidade, está ajudando o outro. Está resolvendo uma dor, um problema, e esse problema é do mundo real.

Se passou pela sua cabeça: "Léo, sei lá qual é o meu cliente foco", tudo bem. Outro caminho para encontrar o cliente é *perceber o produto ou serviço que você mais vende*. Por exemplo, muitos restaurantes disponibilizam um cardápio gigantesco, que inclui churrasco, comida japonesa, massas, frutos do mar, petiscos; servem de tudo, e no final das contas têm muita dificuldade em proporcionar um prato excelente. Neste exemplo, qual seria o cliente foco? Está fácil: qual é o prato que mais sai? Provavelmente esse será o prato que mais agrada o seu cliente foco.

Gostaria de compartilhar um *case* que acompanhei de perto nos treinamentos. Creio que o exemplo pode facilitar o entendimento desses pontos que abordamos. Maurício e Brenda dirigem uma agência de comunicação que está crescendo muito e isso traz obviamente algumas dificuldades, pela dor natural do crescimento, com uma atenção especial à parte de organização, neste caso. Por mais que tenham muitas dificuldades na organização da empresa, como eles trabalham com marketing, o que melhor sabem fazer é conhecer o cliente. Esse é o ponto forte, no qual eles continuam crescendo. Por quê? Porque eles têm que conhecer o cliente do cliente deles para conseguir preparar as campanhas, planejar o marketing e depois conseguir impulsionar. Encontraram a maestria em fazer isso, sua vocação. E uma das coisas legais que eles aplicam é o foco no cliente que atendem com excelência. A agência não fecha com qualquer perfil, mas só com aqueles que percebem que conseguirão transformar em um *case* de sucesso. É aquele que sabem que vão atender muito bem, com muita maestria. Isso é conhecer o cliente e saber dizer *não* para aqueles que não são o foco deles. E, para aqueles que forem realmente atender, eles apuram a visão para escolher os que vão brilhar dentro da empresa. Graças a esse foco no cliente, a agência conseguiu prosperar mais e escolher melhor os clientes foco.

Manter o foco no meu cliente

Com o público definido, é preciso se concentrar apenas naqueles clientes que você já atende com excelência.

Sei que é bem difícil fazer essa seleção, porque será preciso ignorar todas as outras opções e nós, empreendedoras e empreendedores, chamamos essas opões de oportunidades. É difícil por quê? Quando a gente começa a vender um pouco mais, a sensação que dá é que tem que diversificar. As pessoas começam a pedir uma coisa ou outra e o empreendedor vai atendendo todos os pedidos. E então vira aquela empresa desorganizada, sem controle, que faz de tudo um pouco e não faz nada direito.

Nesse cenário desordenado, é mais difícil implementar os processos e treinar a equipe, porque tem um monte de coisa para fazer e ninguém é bom em nada. Então, voltamos à necessidade de manter o foco: aprender a dizer não para os outros produtos e serviços. Até quando? Até o momento de a empresa ser bem reconhecida por um produto único e exclusivo e ter um ótimo *share* de mercado, ou seja, uma participação favorável em comparação com a concorrência.

Ponto de atenção: cuidado para não insistir em produtos que ninguém quer. Às vezes, ficamos encantados com a ideia de que o produto está quase pronto e, por melhor que seja, ele pode acabar se mostrando ultrapassado. É difícil fazer essa distinção entre um produto que devemos focar e um que precisa de pequenas melhorias para dar certo. Reforço o ponto de que o foco deve ser na solução dos problemas do seu cliente, aliado ao produto ou ao serviço em que sua empresa tem maior sucesso. Vamos imaginar que um empreendedor foque em um único produto, como a venda de pen drives. É preciso tomar cuidado para não vender só isso para o resto da vida. Esse produto pode se tornar obsoleto e, pronto, acabou a empresa!

Qual é o segredo aqui? Definir uma meta e, após atingi-la, se permitir vender outros produtos e serviços. Escolha uma meta ousada, desafiadora e ao mesmo tempo atingível com muito esforço seu e de sua equipe.

Vamos imaginar que um empreendedor me questione: "Léo, estou aqui no meu escritório de arquitetura, projeto para muitos tipos de construções e reformas, mas não sei o que fazer, pois estou no vermelho!". Um bom caminho seria verificar qual é o projeto que ele faz melhor, que vende mais, que elogiam bastante, que os clientes comentam e recomendam. O proprietário analisa que seria o projeto de shopping centers. Excelente! Então, vamos cortar as outras opções e projetar mais shopping centers. Para sempre? Não. Ele pode estabelecer uma meta, por exemplo: dobrar o faturamento somente com os serviços para shopping centers. Assim que bater esta meta, pode então se permitir abrir o mercado e inserir um outro projeto, como apartamentos de alto padrão (a segunda opção que mais vende em seu escritório). E, assim, ele vai buscando novas possibilidades.

Portanto, minha recomendação é: encontrar o cliente, manter o foco e se permitir abrir esse leque de opções somente quando atingir uma meta.

Aprender com o cliente

Saber o que seu cliente quer e como ele avalia seu produto ou serviço é uma ferramenta que pode transformar o seu negócio. É imprescindível pedir feedback, alguma avaliação, aprender com o cliente e colocar em execução as lições aprendidas. Abrir esse espaço de feedback é importante para você e para o seu cliente. Para você, é a chance de entender quais pontos podem melhorar no seu negócio; para o cliente, é a sensação de que alguém se importa com a experiência que ele teve e como se sente.

Também é fundamental que você conheça a jornada do cliente, coletando informações preciosas:

a) **Como o cliente chegou até você**
Para cada cliente que recebe o seu serviço ou produto, é de vital importância que você saiba como ele encontrou a empresa. Faça perguntas simples: "Como conheceu minha marca, meu produto?", "Como você achou meu restaurante ou meu salão de beleza?", "Por que vocês vieram até aqui?", "Vocês trabalham aqui perto?". Se a resposta para esta última pergunta for positiva, por exemplo, é sinal de que o ponto está favorável. Se o pessoal está vindo do outro lado da cidade, pode ser sinal de que você gera muito valor com a comida, com o restaurante, com a prestação de serviço, com seu produto. É preciso saber esse tipo de coisa. Tem que perguntar mesmo! Pelas respostas, ficará mais fácil identificar seus pontos fortes ou frágeis.

b) **Exatamente o que o cliente busca, porque ele veio até você**
É essencial saber o que cada pessoa busca, com detalhes. Se for uma loja, por exemplo, para cada venda, o empreendedor precisa saber por que o cliente escolheu o estabelecimento. No caso de prestação de serviços, tem que descobrir por que o cliente selecionou aquele profissional.
Vamos imaginar que eu sou uma contadora e vou atender um novo cliente. Vou exemplificar um diálogo rápido para entender melhor como ele chegou até o meu escritório:
— Como você conheceu o meu trabalho?
— Ah, pesquisei no Google — ele responde.
— E como você pesquisou?
— Pesquisei por "contabilidade em Belo Horizonte" — diz ele.
— E o que você está buscando?
— Preciso fazer um processo de abertura de empresa.
Excelente! A partir daí, faço todo o processo com excelência e no final eu pergunto: "Qual foi o motivo de você ter me

escolhido para esse trabalho?". E o cliente dará uma informação valiosa: esse porquê é o destaque daquilo que está sendo um diferencial para você como empreendedor.

O cliente pode responder: "Escolhi você como minha contadora porque foi a primeira que apareceu no Google". Ótimo, este foi o meu diferencial: o meu site é o primeiro que aparece na pesquisa. Ou ele pode dizer: "Escolhi porque vi seu Instagram e você falava, em um dos posts, que era fácil abrir empresa!". Pronto! Este foi o diferencial: consegui me comunicar com a pessoa, me conectei graças ao meu perfil na rede social. Ou ainda: "Fechei com você porque três pessoas me falaram bem do seu trabalho!". Então, o diferencial é o depoimento de clientes. Isso é muito importante.

Outra estratégia: converse com as pessoas para as quais você já vendeu seu produto ou serviço, principalmente aquelas que compraram várias vezes. Pergunte sobre o que elas gostam e não gostam no seu produto ou prestação de serviços. Feito isso, você vai poder pensar, refletir sobre como mostrar esses pontos fortes para as pessoas que podem vir a se interessar pelo seu produto.

Guardar todas essas informações – a quantidade de pessoas, a data, as características de cada uma dessas perguntas que destacamos –, de modo que você consiga medir a situação, daqui a algum tempo (por exemplo, seis meses), permitirá que se tenha uma visão geral dos pontos fortes e frágeis, para saber os ajustes que precisará fazer ou o que será reforçado. Com a reunião desses dados, fica mais fácil enxergar o todo.

Bônus: dê atenção à Lei Geral de Proteção de Dados (LGPD).[37] Na prática, é não usar os dados das pessoas indevidamente, não coletar desnecessariamente informações que sejam sensíveis, como orientação sexual, raça, se a pessoa tem alguma questão de acessibilidade, se é menor de idade, entre outros. Se você não precisa realmente desses dados, então não os solicite. E sempre invista na proteção dessas informações pessoais, bem como se atualize da legislação.

---

37 A LGPD (Lei n. 13.709/2018) tem como objetivo proteger os direitos fundamentais de liberdade e de privacidade, com a padronização de regulamentos e práticas de proteção aos dados pessoais de todo cidadão brasileiro, de acordo com os parâmetros internacionais existentes. BRASIL. Ministério Público Federal. O que é a LGPD? Brasília. Disponível em: https://www.mpf.mp.br/servicos/lgpd/o-que-e-a-lgpd. Acesso em: 11 jan. 2023.

Encantar o cliente

Antes de seguirmos, eu gostaria de pedir que você escrevesse abaixo em apenas uma única palavra qual é o diferencial da sua empresa.

Certa vez, eu estava ministrando uma palestra para algumas centenas de empreendedores e pedi que escrevessem bem grande, em uma única palavra, a resposta a esta pergunta: "Qual é o diferencial da sua empresa?". Ao meu sinal, todos deveriam levantar seus cadernos, simultaneamente, para que eu pudesse ler as respostas. Eu diria que 90% escreveram "atendimento". A partir daí, propus uma reflexão: se o diferencial de 90% dos empreendedores é o atendimento, será mesmo um diferencial? Portanto, acredito e prego que atendimento não é diferencial, é obrigação. Seu atendimento deve obrigatoriamente ser excelente, pois é a base.

Imagine uma situação: você está com uma terrível dor na coluna, crises e mais crises. Chega no médico, é muito bem recebido, recepção impecável, ambiente limpo, tudo certinho. O médico também é muito educado, cordial, conversa com você, enfim, é o melhor atendimento que você já teve em uma clínica. E esse especialista receita um monte de medicamentos que, mesmo depois de você se esforçar muito e seguir religiosamente o tratamento, não resolvem o seu problema, porque a dor continua insuportável. A pergunta que fica é: você voltaria a esse mesmo médico? Não, não voltaria, pois seu problema não foi resolvido, por melhores que tenham sido a experiência e o atendimento. **Diferencial é quão bem você resolve a dor do seu cliente – e o mínimo que qualquer cliente espera é ser atendido com excelência durante esse processo.**

O que quero dizer com todas essas histórias? O atendimento tem que ser excelente, mas isso não é diferencial. Então, não se prenda ao atendimento apenas. Você precisa de um diferencial real, e não cair no romantismo bonito de falar que seu atendimento é o que o torna especial; não é e, se for, você será apenas mais um dentre 90%.

Vamos resolver, então, sua angústia de não ter diferencial. Vai dizer que não dá até um nó na garganta quando alguém pergunta seu diferencial e você não tem confiança no que vai dizer? Dá uma sensação de estar enrolando o cliente. Vamos começar com o básico, que separei em dois itens para você seguir como um checklist. Mas antes você precisa fazer algo divertido, simples.

Sugiro aos empreendedores que conheçam profundamente seus concorrentes com uma visita. Você só saberá diferenciar água de cachaça se cheirar ou provar. Então, só navegar no site do seu concorrente ou ver o perfil do Instagram não é conhecê-lo profundamente. Você precisa ir lá presencialmente, observar o ambiente e logo depois anotar tudo, comprar o produto dele, ver que, porventura, as paredes estão mal pintadas, as coisas estão desorganizadas ou perceber que o cheiro é agradável, que a equipe de recepção olha para você com atenção. Enfim, dessa maneira, você realmente aprende sobre seu concorrente.

Essa manobra de incorporar o papel de cliente e consumir o produto e a experiência do seu concorrente é importante para depois você olhar para o seu negócio e analisar os detalhes, se fazendo perguntas como: comparado aos concorrentes, como está o meu atendimento? Há processos bem definidos? A equipe sabe o que fazer? Todos estão preparados para os questionamentos dos clientes? Meu site está impecável? O cheiro da minha loja é memorável? Como está o ambiente da minha empresa? Demonstra organização, limpeza e cuidado?

Com todas essas informações anotadas e tabeladas, será muito mais fácil ter uma visão ampla de onde sua empresa se posiciona hoje e para onde deverá caminhar para se diferenciar.

Podemos ir além. Vamos aos dois itens que separei para você analisar:

a) Entregar o produto com profissionalismo

O empreendedor precisa entregar com profissionalismo o seu produto ou serviço. Os detalhes dizem muito sobre sua dedicação ao cliente:

• Atendimento com identidade profissional: inclui que o líder e sua equipe se comportem de maneira conveniente, vistam-se com roupas sempre limpas e arrumadas, utilizem uma linguagem clara, adequada à do cliente, para que consigam estabelecer uma boa comunicação e atender as necessidades do seu público. Você já foi na Chilli Beans? Observe que os atendentes de todas as lojas da franquia têm um mesmo perfil; o mesmo acontece nas lojas da Vans e no estilo de atendimento dos restaurantes Outback ou Pobre Juan. Veja que não há certo ou errado, mas sim a identidade da empresa. Se você conhece essas marcas, certamente os estilos delas estão na memória.

- Prestação de serviço profissional: geralmente presencial, exige que o ambiente físico esteja bem-organizado, com paredes pintadas, cuidadas e limpas, que não tenha nenhum tipo de "jeitinho" nas instalações, sem fios, cabos ou adaptações aparentes. Se for um consultório, escritório, loja, salão de beleza ou outro tipo de estabelecimento, que a TV esteja bem instalada, que não tenha um relógio sem pilha ou objetos quebrados. O ideal é que tudo esteja preservado, organizado, com cadeiras e móveis bons, ambiente esteticamente agradável, bonito, com aromas suaves, uma fachada atraente. Não precisa de grandes investimentos, mas de cuidado, capricho nos detalhes, zelo. Se o seu produto é vendido on-line, isso vale para seu site e para suas redes sociais. Não esqueça que seu atendimento também é on-line e que a sua equipe precisa ter equipamentos decentes. É desagradável tentar fazer uma *call* ou videoconferência e a internet da empresa ficar caindo ou o fone de ouvido da equipe de atendimento estar ruim, pegando todo o som do ambiente, fazendo com que nem o cliente escute direito os atendentes, nem a equipe compreenda o cliente.
- Entrega de produtos: aqui podemos destacar os cuidados no manuseio das embalagens, que devem ser resistentes, bem apresentadas e identificadas. Neste quesito, um diferencial pode ser a aplicação das cores utilizadas no acabamento e material de melhor qualidade ou sustentável.

b) Entregar sempre algo a mais que surpreenda o cliente
Usando o exemplo anterior: quando eu vou ao médico, já é esperado que ele me receite algum tipo de medicamento. Agora, aquele algo a mais que o especialista pode fazer por mim, que sou cliente, é talvez me dizer assim: "Léo, esta é a receita. Mas vou lhe entregar uma amostra do medicamento agora, de graça, para que você possa aliviar a dor começando a tomá-lo imediatamente! Quer saber, vou te dar duas caixas dele". Com isso, ele fez esse algo a mais que eu não esperava.

Outro exemplo: vamos imaginar que eu tenha uma loja de móveis e venda sofás, cadeiras e mesas. Um casal recém-casado entra na loja, procurando um sofá. O vendedor entende a necessidade deles, apresenta os sofás, pergunta se o sofá Azul Madeira resolve o problema e destaca todas as suas qualidades. O casal pensa um pouco e decide comprar o sofá. Então, no dia tão esperado, o dia da entrega, a equipe da loja chega uniformizada, com o sofá embalado, protegendo as paredes e o próprio móvel, tomando cuidado no seu transporte, obedecendo as regras do local. A equipe monta o sofá e o posiciona no local desejado pelo cliente. Excelente, não? Será que acabou? Até aí foi feito apenas o que já era esperado; ninguém vai lembrar o nome da sua empresa. Agora imagine que com o sofá posicionado, tudo ajeitado, lindo, o técnico presenteia de maneira surpreendente o casal com um apoio para copos e pipoca para eles verem TV juntos. Garanto que isso os surpreenderá, eles nem imaginavam ganhar algo assim! Eles lembrarão o nome da sua empresa.

O segredo para dar certo é você fazer todo o serviço com profissionalismo e no final do processo surpreender o cliente com algo que ele não imaginava e nem esperava, fazer algo além.

Você deve estar pensando que isso custa muito caro. Posso garantir que existem inúmeras maneiras de entregar além do solicitado, sem custo algum. E, se porventura realmente não der para desenvolver algo especial de custo baixo, é preciso colocar esse custo na venda, porque você precisa entregar além do solicitado para seu cliente.

CAIXA – LUCRO: ACELERAR OU FREAR?

Um ponto fundamental para o pequeno empreendedor é o controle das finanças. É muito importante que você consiga saber TODAS as entradas e saídas, para onde está indo o dinheiro e como ele está chegando até você. Não adianta nada ter uma ideia incrível, projetar um excelente produto, se você não tiver caixa para conseguir executá-lo, para promovê-lo e investir naquilo que está funcionando mais, que está dando mais retorno. Agora vamos focar no essencial que você precisa saber e aplicar dentro desse tema.

Será que minha empresa dá lucro?

Muitos empreendedores têm empresas que não geram lucro sustentável de longo prazo e que apenas sobrevivem, em uma situação em que qualquer imprevisto pode colocar tudo a perder. Vou mostrar, de uma maneira simples, como calcular os custos e as receitas para se chegar a uma visão simplificada de lucro, sem nomes contábeis muito complexos. É o básico e necessário mesmo.

Separação de contas

Você precisa entender que você faz parte da empresa, mas não é a empresa. É muito comum que se misture o caixa pessoal com o caixa que deveria ser do negócio. Um bom exemplo é o do prestador de serviço, como o eletricista, que faz a manutenção da parte elétrica, que cobra por esse serviço e recebe o pagamento do cliente em sua conta pessoal. Esse profissional não tem uma conta separada somente para a empresa. E aquela conta pessoal é exatamente a mesma conta que ele usa para pagar o cartão de crédito, o aluguel, a gasolina, a alimentação, a escola dos filhos.

O primeiro passo, então, é justamente separar isso porque, quando fica dessa forma, você é a empresa, não existe separação, é tudo uma coisa só. Conceitualmente, nessa mentalidade, você acaba misturando as coisas e a impressão que dá é de que a empresa é como se fosse aquela planta que está em um vaso pequenininho, que não consegue crescer, expandir-se; é difícil até de pensar, porque não há espaço.

Se paga um imposto, um fornecedor ou planeja contratar alguém para te ajudar, a sensação que tem é de que o dinheiro está saindo de você, da sua família, de um valor que seria usado para comprar algo, presentear alguém ou até mesmo proporcionar um benefício para sua família. E, quando deve decidir entre o que é mais prioritário – investir na empresa ou na família –, você se vê em uma situação difícil. Por isso, é importante separar.

Quando o empreendedor separa o caixa, ele começa a fazer parte da empresa e se vê como uma pessoa que tem inclusive um salário ou, no caso do empreendedor, passa a receber o pró-labore. É essencial definir essa condição!

E como fazer essa separação? Qual é o método?

Recomendo que você abra duas contas-correntes (pessoa jurídica), em bancos diferentes, como os digitais, que disponibilizam contas gratuitas, tanto para Pessoa Física (PF) quanto Pessoa Jurídica (PJ), sem custos de cartão, taxas ou anuidades. Você não vai ter gastos com essas duas contas.

Mas por que ter duas contas empresariais? Porque é estratégico ter um backup no caso de roubarem ou bloquearem o cartão do banco ou até se a senha for esquecida. E essas duas contas também devem ter cartão de crédito, já que há produtos vendidos somente por essa forma de pagamento, além de favorecer melhores condições, como parcelamentos, descontos, premiações e bônus. É positivo analisar a situação em cada compra. E o cartão, claro, tem que ter limite favorável; para isso, deve haver saldo nas contas. A ideia, então, é ter duas contas empresariais, sendo que uma será a principal, e a outra, a backup.

E como você movimentará essas contas? Desta maneira:

- **Conta empresarial 1 – principal:** a conta principal é uma conta-corrente jurídica em que serão reunidos *todos* os recebimentos da empresa e de onde sairão todos os pagamentos de fornecedores, prestadores de serviço, pessoas, despesas variadas etc. Será a conta do dia a dia, que também terá um cartão de crédito, que será pago com o saldo dessa mesma conta.
- **Conta empresarial 2 – backup:** a conta backup deverá ficar majoritariamente parada, com saldo, mas sem muita movimentação. Nessa segunda conta jurídica, você colocará o dinheiro excedente da conta 1, após o *caixa mínimo* (falaremos dele mais para a frente). Depois de pagar todas as despesas e manter o caixa mínimo, o que sobrar vai para a conta 2.
- **Conta pessoal 1:** essa é sua conta. Nessa conta-corrente pessoa física, você concentrará toda a movimentação das suas despesas particulares (pessoais) e do seu pagamento, recebido da empresa (seu pró-labore).

  Bônus: Vale lembrar que os saldos dessas contas devem sempre estar aplicados em investimentos de baixo risco e de alta liquidez, ou seja, de modo que você consiga utilizar esse dinheiro a qualquer momento; afinal, não podemos deixar o dinheiro perder para a inflação e, claro, além disso, ele deverá render ao longo do tempo. Vou repetir: sempre deixe esse dinheiro aplicado.

Acompanhei, pelos treinamentos, o caso da Fátima, uma psicóloga empreendedora que fez a transição do caixa pessoal para o caixa empresarial. A maior dificuldade dela era não conseguir ter sucesso e viver sempre com aquela sensação de que nunca tinha dinheiro. Como ela dizia, era uma desorganização, porque o dinheiro que entrava com as suas consultas já era o valor que saía para pagar seu aluguel. Não tinha um pró-labore, não tinha uma definição, não tinha um limite. Nunca podia fazer um investimento na empresa porque, afinal de contas, até fazer essa separação, ela nem entendia que tinha uma empresa. A terapeuta só conseguiu entender que o seu consultório era uma empresa quando abriu a conta empresarial (PJ) e manteve outra só pessoal (PF). O pagamento do seu pró-labore, o salário, agora é pago pela empresa dela. Em suas palavras: "Essa mudança foi um divisor de águas. Para você ter uma ideia, depois que o Léo usou comigo o método dele, orientando que eu tinha que separar os caixas, consegui aumentar meu faturamento para dez vezes mais. Foi incrível!".

Fique de olho em três números

Apresento, de maneira simplificada, os três indicadores principais que você precisa conhecer, aos quais deve prestar a máxima atenção, monitorando-os o tempo todo: receita, despesa e provisão. Vamos entender melhor.

1. Visão da receita

O empreendedor precisa saber o que ele tem de receita, quanto dinheiro entrará na conta da empresa. A visão de receita mostra o quanto eu acredito que entrará no mês. Se já tenho algumas promessas de pagamentos programados (os recebíveis), preciso reuni-las em uma lista, e hoje existem inúmeros aplicativos gratuitos para fazer esse controle. Se preferir, utilize uma planilha ou até mesmo um caderno, o importante é ter o controle. Você é empreendedor e é seu papel saber analisar simplificadamente o caixa. Eu me comprometo com você a não "encher linguiça" nem complicar tudo, mas desejo ajudá-lo a entender a base do que vai precisar. Estamos juntos nessa!

No gráfico a seguir temos linhas que mostram os meses e logo abaixo o valor de receita gerada naquele mês. Tudo aquilo que está marcado como *realizado* significa que já aconteceu. Logo ao final do gráfico, vemos o *hoje*, o mês atual (fictício), em que temos um gráfico de barras que explica a mesma coisa de maneira visual. Até aí é básico. O que temos que perceber, como empreendedores e estrategicamente falando, é que há, nesse caso, um volume de receitas um pouco maior nos meses de janeiro e fevereiro e, no restante dos meses, o faturamento parece ser mais estável.

Tabela 1 Fluxo de receitas

	Realizado jan./23	Realizado fev./23	Realizado mar./23	Realizado abr./23	Realizado maio/23	Realizado jun./23	Realizado jul./23	Realizado ago./23	Realizado set./23	Realizado out./23	Realizado nov./23	Realizado dez./23	Hoje jan./24
Receitas	18.000	21.000	12.000	8.000	9.000	12.000	13.000	12.000	14.000	11.000	12.000	13.000	
Despesas totais	0	0	0	0	0	0	0	0	0	0	0	0	

Fonte: elaborada pelo autor.

@oleomack

Gráfico 2 Fluxo de receitas

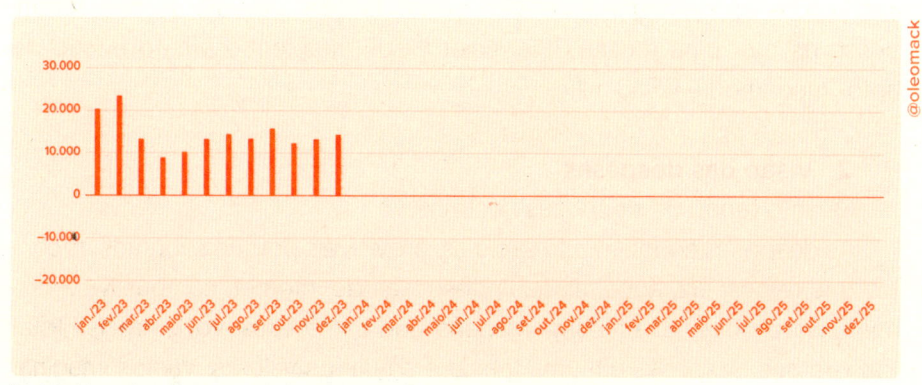

Fonte: elaborada pelo autor.

Mas nem sempre existe estabilidade nas receitas. Muitos negócios, como os de varejo,[38] fazem a venda dos seus produtos, mas não têm como prever exatamente o quanto vão vender e contam com vários fatores que influenciam essas vendas. É diferente de uma assinatura mensal ou de uma prestação de serviço, que contam com valores definidos que entrarão no caixa nos prazos estabelecidos no acordo com os clientes. No entanto, existe uma maneira de visualizar o movimento da empresa e, claro, fazer cálculos de previsão do fluxo de caixa.

Ainda sobre o varejo, pode ser que tenha sazonalidade e as vendas aconteçam com maior intensidade em períodos e condições específicas, como datas comemorativas (Natal, Dia das Mães, Dias das Crianças, por exemplo), estações do ano (verão, outono, inverno ou primavera), férias escolares etc.

Como se faz o *histórico de recebimentos*? Vamos seguir um exemplo simples anterior: estamos entrando em janeiro de 2024 (onde está escrito HOJE no gráfico) e quero saber quanto receberei neste mês. Para isso, vejo quanto recebi na minha loja no mês de janeiro do ano passado: o gráfico aponta o valor de R$ 18 mil. Observo que minha média anual, de janeiro até dezembro do ano anterior, foi de aproximadamente R$ 13 mil mensais, e no mês de janeiro seguinte recebi esses R$ 18 mil. Bom, dá para entender que provavelmente janeiro é um mês que tem mais receita do que a média do

---

38 Em sua definição mais básica, o varejo é o processo de venda de um produto feito por uma empresa diretamente ao seu cliente. MARGOTTI, Anelise. Entenda o que é varejo e como realmente funciona o mercado varejista. **Blog RockContent**, 25 jun. 2021. Disponível em: https://rockcontent.com/br/blog/o-que-e-varejo-2/. Acesso em: 17 jan. 2023.

ano. Então, seguindo esse raciocínio, o mês de janeiro representa um valor em vendas aproximadamente 38% maior do que a média do ano; assim, posso estimar uma receita 38% maior HOJE, mantendo uma previsão de aproximadamente R$ 18 mil.

2. Visão das despesas

Quanto tenho de despesas neste mês?

As despesas normalmente são mais previsíveis porque sabemos as contas que temos: luz, água, aluguel, despesas de internet, combustível, pessoas, entre outras. Da mesma maneira que as receitas, você precisa listar todas essas despesas em uma tabela e somar os valores. Vamos imaginar que eu também tenha feito a previsão de despesas (do mesmo jeito que fiz na receita), com os valores que já conheço, ficando conforme a tabela e o gráfico a seguir.

Gráfico 3 Previsão de receitas

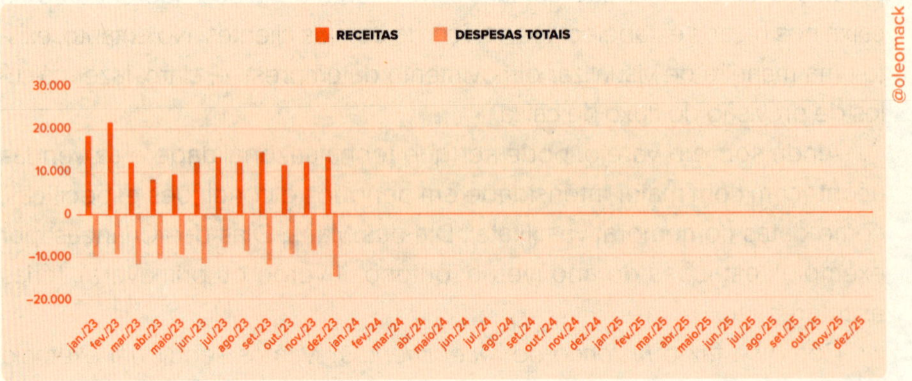

Fonte: elaborado pelo autor.

	Realizado	Realizado	Realizado	Realizado	Realizado	Realizado	Realizado	Realizado	Realizado	Realizado	Realizado	Realizado	Hoje
	jan./23	fev./23	mar./23	abr./23	maio/23	jun./23	jul./23	ago./23	set./23	out./23	nov./23	dez./23	jan./24
Receitas	**18.000**	**21.000**	**12.000**	**8.000**	**9.000**	**12.000**	**13.000**	**12.000**	**14.000**	**11.000**	**12.000**	**13.000**	**18.000**
Despesas totais	**−10.080**	**−9.260**	**−11.720**	**−10.480**	**−9.540**	**−11.720**	**−7.780**	**−8.720**	**−11.840**	**−9.660**	**−8.720**	**−14.780**	
Despesas gerais	−6.000	−5.000	−8.000	−7.000	−6.000	−8.000	−4.000	−5.000	−8.000	−6.000	−5.000	−11.000	
Pró-labore	−3.000	−3.000	−3.000	−3.000	−3.000	−3.000	−3.000	−3.000	−3.000	−3.000	−3.000	−3.000	
Impostos	−1.080	−1.260	−720	−480	−540	−720	−780	−780	−840	−660	−720	−780	

Fonte: elaborada pelo autor.

@oleomack

Tabela 2 Previsão de receitas

EU, EMPREENDEDOR 127

Observe que, ao somarmos as receitas com as despesas, teremos o nosso lucro líquido conforme o gráfico a seguir:

Tabela 3   Lucro líquido

	Realizado jan./23	Realizado fev./23	Realizado mar./23	Realizado abr./23	Realizado maio/23	Realizado jun./23	Realizado jul./23	Realizado ago./23	Realizado set./23	Realizado out./23	Realizado nov./23	Realizado dez./23	Hoje jan./24
Receitas	18.000	21.000	12.000	8.000	9.000	12.000	13.000	12.000	14.000	11.000	12.000	13.000	18.000
Despesas totais	−10.080	−9.260	−11.720	−10.480	−9.540	−11.720	−7.780	−8.720	−11.840	−9.660	−8.720	−14.780	
Despesas gerais	−6.000	−5.000	−8.000	−7.000	−6.000	−8.000	−4.000	−5.000	−8.000	−6.000	−5.000	−11.000	
Pró-labore	−3.000	−3.000	−3.000	−3.000	−3.000	−3.000	−3.000	−3.000	−3.000	−3.000	−3.000	−3.000	
Impostos	−1.080	−1.260	−720	−480	−540	−720	−780	−780	−840	−660	−720	−780	
Lucro líquido	7.920	11.740	280	−2.480	−540	280	5.220	3.280	2.160	1.340	3.280	−1.780	

@oleomack

Fonte: elaborada pelo autor.

Vamos ao mês de fevereiro de 2023 para observarmos que tivemos uma receita de R$ 21 mil, com uma despesa de R$ 9.260. Se subtrairmos a despesa da receita, teremos um resultado, ou seja, um lucro, de R$ 11.740.

Agora vamos para um cenário diferente. Seguiremos para o mês de dezembro de 2023, para entendermos que tivemos R$ 13 mil de receita com R$ 14.780 de despesas, e nesse caso ficamos com um prejuízo de R$ 1.780.

Com essas duas informações – de receita e despesa –, nós conseguimos algo simples e fundamental: saber o nosso resultado e lucro. Apresento essa visão no gráfico de área a seguir:

Gráfico 4   Lucro líquido

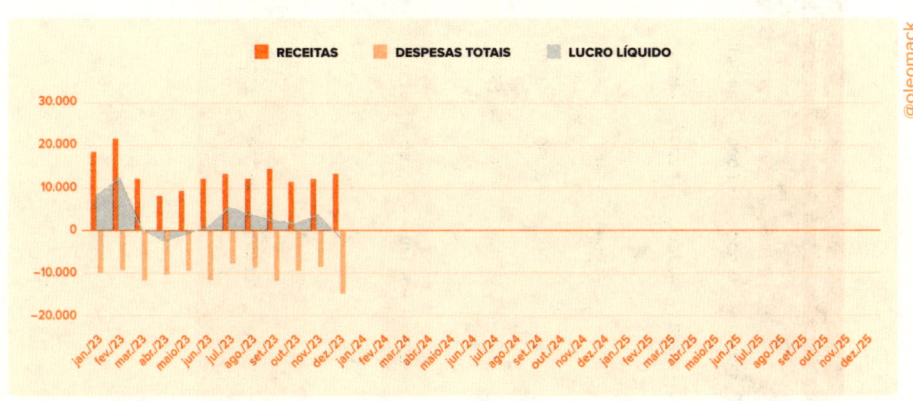

Fonte: elaborado pelo autor.

Quando o nosso gráfico de área fica para cima do eixo horizontal, aquele que está com o número zero, significa que tivemos lucro. Quando fica abaixo, tivemos prejuízo. Veja que tivemos lucro todos os meses, com exceção de abril, maio e dezembro de 2023.

Com isso, conseguiremos saber também o saldo acumulado mês a mês, ou seja, acumulando o lucro e o prejuízo, saberemos qual é o valor que teremos na conta-corrente.

Temos, então, no mês de dezembro, somando o lucro líquido de janeiro a dezembro, um saldo positivo acumulado de R$ 30.700. Sensacional, não acha? Você, como empreendedor ou empreendedora, poderá escolher muito bem o que fazer com esse saldo; poderá reinvestir na empresa, guardar a reserva mínima, fazer distribuição de lucros ou qualquer outra coisa que quiser.

Mas você pode me perguntar: "Legal, Léo, mas e agora? O que isso significa?".

Agora, meu leitor, nós vamos projetar o futuro.

Tabela 4 Saldo da conta-corrente

	Realizado	Realizado	Realizado	Realizado	Realizado	Realizado	Realizado	Realizado	Realizado	Realizado	Realizado	Realizado	Hoje
	jan./23	fev./23	mar./23	abr./23	maio/23	jun./23	jul./23	ago./23	set./23	out./23	nov./23	dez./23	jan./24
Receitas	18.000	21.000	12.000	8.000	9.000	12.000	13.000	12.000	14.000	11.000	12.000	13.000	18.000
Despesas totais	-10.080	-9.260	-11.720	-10.480	-9.540	-11.720	-7.780	-8.720	-11.840	-9.660	-8.720	-14.780	
Despesas gerais	-6.000	-5.000	-8.000	-7.000	-6.000	-8.000	-4.000	-5.000	-8.000	-6.000	-5.000	-11.000	
Pró-labore	-3.000	-3.000	-3.000	-3.000	-3.000	-3.000	-3.000	-3.000	-3.000	-3.000	-3.000	-3.000	
Impostos	-1.080	-1.260	-720	-480	-540	-720	-780	-780	-840	-660	-720	-780	
Lucro líquido	7.920	11.740	280	-2.480	-540	280	5.220	3.280	2.160	1.340	3.280	-1.780	
Caixa mínimo							-20.993	-20.167	-19.987	-20.027	-19.753	-19.480	
Saldo conta empresarial 1 – principal	7.920	19.660	19.940	17.460	16.920	17.200	22.420	25.700	27.860	29.200	32.480	30.700	
Saldo conta empresarial 2 – backup													

@oleomack

Fonte: elaborada pelo autor.

Ninguém melhor do que você para dizer como funciona o seu negócio, qual foi o seu fluxo de receitas e despesas. Portanto, o que vou representar aqui é apenas uma ideia simplificada do que pode servir de modelo para a sua empresa, mas quanto mais você refletir e se dedicar a observar o passado e projetar o futuro, melhor ficará nessa autoavaliação empreendedora.

No exemplo a seguir, optei por olhar o histórico passado e calcular a média das receitas dos últimos doze meses. Por que doze meses? Porque temos uma sazonalidade neste exemplo de empresa; sazonalidade essa que, em janeiro e fevereiro, distorce o fluxo de receita para uma receita maior. E acrescentei um percentual de 15% de crescimento. De onde vêm esses 15%? Da meta anual que você vai estipular para sua empresa. Estipulei 15%. Apliquei igualmente às despesas, e o percentual projetado foi um aumento de 10%, também da meta que estabeleci como teto, o máximo de gastos. Observe:

Gráfico 5 Visão de fluxo de caixa com receitas, despesas e resultado

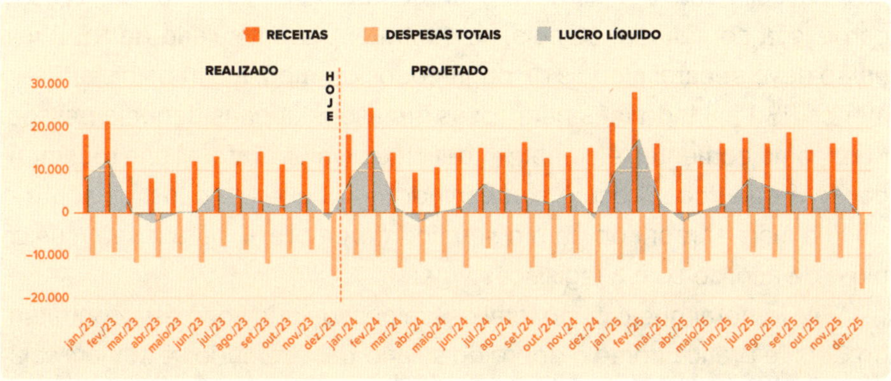

Fonte: elaborado pelo autor.

E, quando se projeta a receita e a despesa para os próximos 24 meses, temos a visão do **FLUXO DE CAIXA**. Quando isso ocorre, é possível saber quanto precisamos guardar de provisões.

3. Visão das provisões

É aquilo que já sabemos que teremos que pagar. Quando contratamos um colaborador, é provável que algum dia ele sairá da empresa, seja por aposentadoria, porque alguém vai desligá-lo ou porque ele mesmo vai solicitar o desligamento. Alguns casos mais raros, como falecimento, também podem acontecer. Reflita hoje, que está tudo bem, sobre como você deverá reagir em um momento complexo como esse. Mas, voltando ao ponto, é isso, não tem surpresa! Você já sabe que algum dia uma dessas situações vai acontecer.

Mais uma vez reforço esta questão: rescisão, com os impostos pagos corretamente, não é imprevisto! Salário de rescisão e multa de FGTS[39] não são imprevistos! E existem outras provisões necessárias, como o cálculo de um terço de férias e 13º salário, que também não são imprevistos. Saber que a pessoa vai ter que tirar férias também não é imprevisto.

Tudo isto faz parte da visão das provisões: enxergar que se contrato uma pessoa hoje, preciso guardar dinheiro (e já fazer os cálculos corretos) para conseguir fazer tudo que citei acima. E todo mês eu separo uma parte desse caixa para colocar onde? Naquela outra conta-corrente, a conta empresarial 2 – backup. Então, não tem como se assustar.

A cada ano, mudam as leis e os tributos brasileiros. Fica até difícil compartilhar uma tabela do quanto se deve separar para provisão, mas eu diria facilmente que se deve guardar metade do valor do salário-base da pessoa contratada, ou seja, se contratei por um salário de R$ 2 mil, então devo separar, depois de pagar todos os impostos trabalhistas, pelo menos R$ 1 mil todo mês para essas provisões apenas daquela pessoa. Mas, como comentei, é complexo definir um valor exato. Minha recomendação é que você procure seu contador para que ele o instrua sobre o cálculo mais apropriado para o seu tipo de empresa, para o seu município e de acordo com a legislação vigente.

Vale lembrar que o custo total dessa pessoa que você está contratando CLT[40] é praticamente o dobro do salário-base quando se somam salário, benefícios, impostos e provisões. Para se calcular rapidamente, para uma pessoa com salário-base de R$ 2 mil tem um custo total aproximado de R$ 4 mil por mês. Observe o cálculo estimado a seguir:

---

39 O Fundo de Garantia do Tempo de Serviço (FGTS) foi constituído para garantir ao trabalhador uma indenização pelo tempo de serviço nos casos de demissão sem justa causa e propiciar a formação de uma reserva, em caso de aposentadoria, ou para seus dependentes, quando do seu falecimento. FGTS. **Sobre o FGTS, visão geral**. Disponível em: https://www.fgts.gov.br/Pages/sobre-fgts/visao-geral.aspx. Acesso em: 18 jan. 2023.

40 A Consolidação das Leis Trabalhistas (CLT) é a principal referência de direitos dos trabalhadores brasileiros. ANDRETTA, Filipe. CLT garante direitos como 13º e férias; entenda o que é e quem tem acesso. **UOL**, 4 mar. 2020. Disponível em: https://economia.uol.com.br/noticias/redacao/2020/03/04/clt-consolidacao-leis-trabalhistas-celetista-emprego-trabalho-direitos.htm. Acesso em: 25 mar. 2023.

Figuras 5 e 6 Modelos de calculadoras virtuais para cálculo de custos com colaboradores

@oleomack

CÁLCULO DO CUSTO DE FUNCIONÁRIO

SALÁRIO MENSAL[i]

R$ 2.000,00

PLANO DE SAÚDE MENSAL[i]

R$ 100,00

VALE-TRANSPORTE (VALOR MENSAL)[i]

R$ 300,00

VALE-REFEIÇÃO (VALOR MENSAL)[i]

R$ 400,00

OUTROS BENEFÍCIOS[i]

R$ 50,00

SALÁRIO BRUTO

R$ 2.000,00

VALE-TRANSPORTE

R$ 300,00

VALE-REFEIÇÃO

R$ 400,00

PLANO DE SAÚDE

R$ 100,00

OUTROS BENEFÍCIOS

R$ 50,00

ESTIMATIVA DOS CUSTOS DO FUNCIONÁRIO PARA A EMPRESA

DESCRIÇÃO	VALOR
SALÁRIO BRUTO	R$ 2.000,00
VALE-TRANSPORTE	R$ 300,00
DESCONTO DE VALE-TRANSPORTE	− R$ 120,00
VALE-REFEIÇÃO	R$ 400,00
PLANO DE SAÚDE	R$ 100,00
OUTROS BENEFÍCIOS	R$ 50,00
PROVISÃO DE 13º	R$ 166,67
PROVISÃO DE 1/3 FÉRIAS	R$ 55,56
FGTS	R$ 160,00
PROVISÃO DE FGTS SOBRE 13º E FÉRIAS	R$ 17,78
INSS[i]	R$ 400,00
PROVISÃO DE INSS SOBRE 13º E FÉRIAS	R$ 44,44
CUSTO TOTAL DO FUNCIONÁRIO	R$ 3.694,44

RESULTADO

REFERÊNCIA	VALOR
SALÁRIO	R$ 2.000,00
VALE-TRANSPORTE	R$ 300,00
DESCONTO DE VALE-TRANSPORTE	− R$ 120,00
VALE-REFEIÇÃO	R$ 399,00
DESCONTO DE VALE-REFEIÇÃO	− R$ 1,00
PLANO DE SAÚDE	R$ 100,00
OUTROS BENEFÍCIOS	R$ 50,00
13º SALÁRIO	R$ 166,67
1/3 FÉRIAS	R$ 55,56
FGTS	R$ 160,00
FGTS 13º E FÉRIAS	R$ 17,78
INSS (20%)	R$ 400,00
INSS 13º E FÉRIAS	R$ 44,45
CUSTO FUNCIONÁRIO	R$ 3.573,46

Fonte: **CALCULADORA** de custo de funcionário para a empresa. **iDinheiro**, 2023. Disponível em: https://www.idinheiro.com.br/calculadoras/calculadora-custo-de-funcionario-para-empresa/. Acesso em: 1 abr. 2023. CALCULADORA de custo de funcionário. **FinanceOne**. Disponível em: https://financeone.com.br/calculadora-de--custo-de-funcionario/. Acesso em: 1 abr. 2023.

Mantenha sempre o caixa mínimo

É necessário estabelecer um caixa reserva, que estou chamando de *Caixa mínimo*, que, de modo genérico, refere-se a duas vezes a média das despesas que você teve nos últimos seis meses. Observe a seguir:

Tabela 5   Caixa mínimo

	Realizado jan./23	Realizado fev./23	Realizado mar./23	Realizado abr./23	Realizado maio/23	Realizado jun./23	Realizado jul./23	Realizado ago./23	Realizado set./23	Realizado out./23	Realizado nov./23	Realizado dez./23	Hoje jan./24
Receitas	**18.000**	**21.000**	**12.000**	**8.000**	**9.000**	**12.000**	**13.000**	**12.000**	**14.000**	**11.000**	**12.000**	**13.000**	**18.000**
Despesas totais	**-10.080**	**-9.260**	**-11.720**	**-10.480**	**-9.540**	**-11.720**	**-7.780**	**-8.720**	**-11.840**	**-9.660**	**-8.720**	**-14.780**	**-10.080**
Despesas gerais	-6.000	-5.000	-8.000	-7.000	-6.000	-8.000	-4.000	-5.000	-8.000	-6.000	-5.000	-11.000	
Pró-labore	-3.000	-3.000	-3.000	-3.000	-3.000	-3.000	-3.000	-3.000	-3.000	-3.000	-3.000	-3.000	
Impostos	-1.080	-1.260	-720	-480	-540	-720	-780	-780	-840	-660	-720	-780	
Lucro líquido	**7.920**	**11.740**	**280**	**-2.480**	**-540**	**280**	**5.220**	**3.280**	**2.160**	**1.340**	**3.280**	**-1.780**	**7.920**
Caixa mínimo							-20.993	-20.167	-19.987	-20.027	-19.753	-19.480	-20.500
Saldo conta empresarial 1 – principal	**7.920**	**19.660**	**19.940**	**17.460**	**16.920**	**17.200**	**22.420**	**25.700**	**27.860**	**29.200**	**32.480**	**30.700**	**38.620**
Saldo conta empresarial 2 – backup													

@oleomack

Fonte: elaborada pelo autor.

No mês de julho de 2023, a média das despesas dos últimos seis meses foi de R$ 10.467. Multiplicando duas vezes esse valor, o resultado é de R$ 20.933, o que representa o nosso caixa mínimo.

E o que eu devo fazer com o caixa mínimo? Bom, você precisa deixar esse valor na *conta empresarial 1 – principal* como saldo. Esse é o famoso capital de giro, ou seja, o valor que precisará ter para pagar todas as suas despesas mensais, mesmo com alguns imprevistos, para que tenha fôlego financeiro para seguir seu projeto.

É importante destacar que o saldo das conta empresariais 1 – principal e 2 – backup deverá sempre estar aplicado em algum fundo de investimento conservador e de alta liquidez, preferencialmente D+0. O que isso significa? É uma aplicação que você conseguirá resgatar o valor no mesmo dia em que solicitou. Investimento conservador significa baixo risco, isento de corretagem ou de custo baixíssimo e que provavelmente fique um pouco acima do CDI, algo como 105% do CDI, por exemplo.

Aumentar o lucro

Antes de mais nada, é importante explicar que *lucro* é bem diferente de *faturamento*, por mais óbvio que possa parecer. No exemplo que dei, a empresa, no mês de janeiro de 2023, faturou R$ 18 mil, mas o lucro dela foi R$ 7.920 (o que sobrou depois de pagar todas as despesas).

Um ponto de reflexão: digo sempre que não adianta você faturar R$ 1 milhão e ter um lucro de R$ 3 mil. Nesse caso, você trabalhou demais, transacionou muito dinheiro, correu alto risco, pelo montante alto de dinheiro, mas praticamente não conseguiu ter lucro. Então, não foi eficiente no manejo dessa operação. É bonito falar que faturou 3 milhões, vendeu 5 milhões no ano, mas, na boa, quanto ficou no bolso? Isso é o que você leva para casa. Sempre que ouvir ou ler em revistas que tal empresa faturou X milhões, lembre, faturamento não é lucro.

Gostaria de propor um exercício para você colocar em prática, visando aumentar o seu lucro. São três maneiras possíveis:

1. Cortar custos

Uma tarefa que deve ser realizada todo mês é olhar todas as despesas (a tabela completa que você vai montar), refletir sobre elas e se fazer estas duas perguntas muito importantes e que devem estar na mira de todo empreendedor:

- Quais dessas despesas eu não preciso ter?
- Quais dessas despesas eu posso renegociar?

Empreendedoras e empreendedores gostam de desafios, apreciam trabalhar e provar que conseguem fazer o melhor para seus clientes, então, vou desafiar você. Hoje, agora, neste exato momento (pode até parar a leitura deste livro por trinta minutos), você vai conseguir cortar custos. Para isso, vou propor um desafio.

Você deve ter um pacote de internet e um smartphone. Proponho que acesse três sites de operadoras de internet diferentes da que utiliza. Em questão de três minutos em cada site, você vai encontrar um plano bem melhor do que o seu, com maior capacidade e mais barato.

Qual é o trabalho que você vai ter que fazer? Vai anotar as opções dessas três empresas concorrentes daquela da qual você é cliente, vai ligar para a sua empresa de internet e solicitar o cancelamento. É provável que direcionem você para outra pessoa, que vai seguir com o processo. Mas a empresa não vai cancelar imediatamente. Sabe por quê? Porque ela estuda bem o mercado e sempre tem vários produtos competitivos, disponibilizando várias maneiras de oferecer algo melhor para o cliente. Quando perguntarem a razão do cancelamento, comente sobre sua pesquisa e os resultados que encontrou. Algo assim: "Não estou gostando do preço que está sendo cobrado pelo serviço de vocês porque acessei aqui os concorrentes A, B e C, está mostrando que a internet vai ficar mais barata se eu fechar com eles. Acredito que isso pode me atender muito melhor, uma vez que a portabilidade é imediata". O atendente vai conseguir propor um preço que seja até 30% menor do que o que você está pagando. Se a mensalidade for R$ 100, pode passar para R$ 80, então, você economizará R$ 20 na internet. Agora, multiplique esse valor pelo contrato, que geralmente é de doze meses, e vai resultar em R$ 240 (12 × R$ 20). Você já economizou no ano R$ 240 somente fazendo esse trabalho de trinta minutos. Supondo que na média este livro custe R$ 60, ele já se pagou quatro vezes!

O que você tem a perder cumprindo esse desafio? Olha, não sei, mas tem pelo menos uns R$ 240 na mesa agora e, quando você se deitar hoje e colocar a cabeça no travesseiro, terá iniciado um excelente hábito de redução de custos. O que mais você poderia fazer, praticando exatamente o mesmo exercício, e que traria mais redução de custos?

2. Negociação de preços e prazos

Ouço muito os empreendedores dizerem que não sabem negociar os preços. E essa também é uma maneira de aumentar os seus lucros.

O que você precisa entender? Em primeiro lugar, que a nossa cultura no Brasil favorece a negociação. Aqui é comum negociar. Estabelecemos o preço de algum produto, R$ 10, por exemplo, e o cliente pergunta: "E à vista?". "Ah, à vista é R$ 9", o lojista responde. Existem lugares no mundo em que não há negociação. É o preço estipulado e acabou! Não tem essa de ser à vista, sem juros etc. Aproveite isso no Brasil.

Agora, como fazer uma negociação? Primeiro, reconheça se o meio permite a negociação. Há momentos em que uma negociação pode causar desgaste com o fornecedor, por exemplo, ou gerar um desconforto com o cliente. Tente interpretar os momentos de abertura. Segundo: quando você está com o dinheiro, quando é o comprador, tem que lembrar que está na vantagem. Algumas estratégias:

Compra de produtos: devemos ter em mente que o preço que está sendo apresentado já tem uma margem de desconto, então, é preciso tentar descobrir as maneiras de conseguir trazer essa margem de volta para nós. Se a pessoa chega e fala que o serviço custa tanto, a primeira pergunta será: "Vocês parcelam em até quantas vezes sem juros?". Se a resposta for algo acima de uma vez, quer dizer que à vista tem desconto. Então, sua segunda pergunta será: "E à vista, quanto custa?" ou "E no PIX, qual é o valor?". Só nessa ação de trinta segundos, você já saiu reduzindo custos. É uma maneira de fazer. Se não perguntar nada, pagará o valor cheio.

Compras on-line: há outra maneira de negociar, principalmente nas vendas on-line (geralmente, os produtos são mais baratos no ambiente virtual). As equipes de marketing costumam programar uma cadência de descontos. O que é isso? Vamos imaginar que você tenha que comprar um notebook para o escritório e, claro, precisa dos melhores preços, para reduzir custos. Então, entre no site que tem o equipamento de que precisa e faça a inscrição. Em seguida, selecione o notebook, coloque no carrinho de compras, preencha as informações de pagamento e de entrega e depois saia do site *sem fazer a compra*. O que vai acontecer?

Em uma ou duas semanas, aproximadamente, é quase certo que você receba um e-mail dizendo que aquele produto está com desconto e que agora é o melhor momento de comprá-lo. Por quê? Porque, quando a pessoa demonstra algum sinal de que quer comprar um produto (especialmente se colocar no carrinho de compras), a empresa se empenha em fazer com que ela compre, oferecendo melhores condições e descontos. Pronto! Todos saem ganhando: a empresa vendeu, e você, comprador, vai conseguir adquirir com mais desconto, dentro do que a empresa entende como justo.

Compra de serviços: vamos imaginar que você queira contratar publicidade em um site de notícias, veiculando seis anúncios sobre a sua empresa durante um mês. Como fazer essa negociação? Ligue para a empresa de notícias, uma prestadora de serviços, e converse com um vendedor, entre os dias 1º e 10 do mês (de preferência, perto do dia 1º). Quando for solicitar os anúncios, não peça o serviço completo que você quer, mas só metade do que precisa. Durante a ligação, você diz: "Olha, preciso fazer três (metade) anúncios no site de vocês. Quanto seria?". O vendedor vai informar o preço. Você agradece e deixa se passarem um ou dois dias. Retoma o contato e pergunta: "Gostei bastante do seu serviço, mas quanto ficaria à vista esse valor?". Ele vai responder algum valor com desconto. Você diz então que vai levar a questão para aprovação interna e dá retorno depois.

Entre os dias 10 e 20, você desaparece. O vendedor sempre vai falar que os preços vão mudar no mês que vem, que ele consegue essa condição até sexta-feira, que o gerente só pode naquele dia ou outra justificativa qualquer. Boa parte disso é técnica de persuasão em vendas, então, a maioria desses argumentos tem que entrar por um ouvido e sair pelo outro! Quando chegar no dia 20 daquele mesmo mês, você retoma o contato. Manda uma mensagem perguntando: "Tiago, e essa proposta aqui, nesse valor que você me passou, como está? Gostei muito da proposta, faz sentido. Queria conferir o valor para esses três anúncios que solicitei. É este mesmo ou você tem algo melhor?". O consultor confirma que é aquele, e você agradece.

E, quando for no dia 25 ou 26 do mesmo mês, você vai ligar e dizer: "Maravilha! E agora, quanto está para a gente poder fechar? Você consegue mais algum desconto?". Esse em geral é o momento (do dia 25 ao dia 30) de fechamento do mês, quando os vendedores querem bater meta e as empresas fazem as melhores condições de descontos. Excelente! Você conseguiu o melhor desconto, talvez chegando a 30% a menos do que o valor inicial. E você fecha a metade do serviço naquele mês, pelo menor preço.

No outro mês, solicita os outros três anúncios, mantendo as melhores condições, porque vai usar a negociação anterior como âncora, como base. Vai dizer: "Agora quero fazer mais esses três anúncios". Se antes você tinha 30% de desconto, esses dois anúncios vão custar algo próximo dos anteriores. A pessoa não vai ter como negociar, não vai ter mais margem. A chance de fazer um bom negócio é grande.

3. Formação de preço

Esta também é uma maneira de aumentar o lucro. Existem diversas metodologias que podem ser aplicadas na formação de preço. Edson Cordeiro[41] propõe três possibilidades para esse cálculo (em valores brutos, sem considerar os impostos):

1. Do ponto de vista do mercado, ou seja, você vê os preços dos concorrentes e estabelece o seu preço.
2. Com base no custo de produção, ou seja, somo todos os gastos (por exemplo, R$ 8) e acrescento algum valor, como R$ 1, então passo a cobrar R$ 9.
3. Com base na margem de contribuição, na qual se trabalha com um percentual estabelecido por você. Por exemplo, eu quero ter 10% de lucro em cima do custo do meu produto. Então, se compro por R$ 9 (ou gasto este valor na produção), vou vender a R$ 9,90.

Gostaria de apresentar um quarto caminho para você, leitor, que está começando a empreender, que é normalmente um método que traz muito resultado, no aumento do lucro. Proponho o seguinte: *faça um teste de preço*. "Léo, mas como fazer isso? Como saber se o meu preço está adequado?", talvez você me pergunte. Com base em evidências. Vamos entender melhor:

41 SILVA, Edson Cordeiro da. **Como administrar o fluxo de caixa das empresas**: guia de sobrevivência empresarial. São Paulo: Atlas, 2014.

a) Primeira situação – seu produto ou serviço **não está vendendo:** Vale a pena buscar informações da concorrência e ver qual é o preço que o mercado coloca para aquele tipo de produto ou serviço (os comparáveis ou equivalentes). Pode ser que seu preço realmente esteja muito fora do mercado, então, corrija-o primeiro. Se estiver na média, então você deve olhar outros pontos, pois o problema parece não estar no preço. Nesse caso, você precisa verificar se o produto funciona mesmo, se ele está bem exposto (seja fisicamente ou on-line), se o marketing está sendo comunicado da maneira apropriada.

b) Segunda situação – seu produto ou serviço **está vendendo:** Pode ser que já tenha passado por isto: você vai a uma loja e compra um produto, mas tem a percepção de que está muito barato e até desconfia, pois pagaria mais! É aí que o empreendedor tem que colocar atenção. Às vezes, ele oferece um produto muito bacana, mas o preço está abaixo do mercado e isso gera uma perda de oportunidade. Seus clientes até pagariam mais pelo produto, mas acabam pagando muito menos. É o famoso "deixar dinheiro na mesa".

Aconteceu comigo um caso curioso que pode nos fazer pensar melhor se é verdade que "quanto mais barato, mais se vende". Em uma de minhas empresas, nós oferecíamos uma assinatura de um produto por aproximadamente R$ 119 por mês. Planejamos testar os preços e nosso primeiro teste foi oferecê-lo por R$ 49 por mês. Não vendeu quase nada. Nosso segundo teste foi vendê-lo por R$ 249 por mês. E adivinha? Vendeu igual água!

A sugestão, portanto, é *testar os preços*. Você vai ter que cuidar apenas para que isso seja direcionado para uma pequena amostra de pessoas ou até mesmo limitar os dias em que fará isso sem usar o argumento de ser promoção nem mudar a estratégia de marketing. É preciso encontrar um modo de testar de maneira positiva, adequada e honesta com seus clientes. Como? Aumentando o valor e vendo se as pessoas continuam comprando. Sabe por quê? Os empreendedores perdem muito rapidamente a percepção do valor que seus produtos e serviços geram para a sociedade.

Vamos a um exemplo prático: suponha que você compre do fabricante um produto com preço de custo de R$ 6, estabeleça o preço de venda em R$ 10 e, maravilha, as pessoas estejam comprando. Depois, você, entendendo o exercício de aumento de lucro, sobe um pouquinho, para R$ 11, e as pessoas continuam comprando. Você sobe para R$ 12, e as pessoas continuam comprando. Sobe para R$ 13, e as vendas diminuem. Aumenta para R$ 14, e as vendas despencam. O que significa? Que aquele produto não está gerando mais o valor apropriado pelo preço pedido e as pessoas estão indo para a concorrência. Seu teto, então, é de R$ 12 – um belo aumento de 20% sobre o preço original, apenas com esse teste.

É interessante entender essa percepção de que *se* as pessoas pagam pelo produto significa que ele *vale* aquilo. Se as pessoas pagam R$ 12 naquele produto, quer dizer que elas têm a percepção desse valor naquele produto. É como se dissessem: "Está ok para mim! Está justo". E o mais doido disso é que vários fatores causam a percepção de valor gerado. Você deve conhecer casos de o mesmo produto ser vendido em bairros distintos e com preços totalmente diferentes. Comprar um café em um aeroporto é a prova mais pura da oferta e demanda existente.

Da mesma maneira, é preciso fazer testes com valores para baixo. Se custava R$ 10, coloque R$ 9 e veja se aumentam as vendas. Depois atualize para R$ 8 e observe; vá fazendo esses testes. Ponto de atenção aqui: você tem que trabalhar dentro da margem de lucro, dentro da visão do lucro. Se começa a abaixar o preço e aquele produto não traz mais lucro, não faz sentido, pois você teria que fechar a operação. É preciso atingir o limite para baixo até bater um pouco acima do preço de custo.

Resumindo: se compro da fábrica a R$ 6 e vendo a R$ 6, minha operação não serve para nada, eu só corro risco. Se compro a R$ 6 e vendo a R$ 5, vou fechar a empresa, pois estou tendo prejuízo. Se compro a R$ 6 e vendo a R$ 7, maravilha, tenho algum lucro. Se compro a R$ 6 e vendo a R$ 12, sensacional!

Aprendendo a calcular a margem de lucro

É importante que você entenda o conceito de margem de lucro. É muito simples: você terá que reunir todos os valores que investiu na matéria-prima, na produção, na venda, nos impostos de um produto ou de um serviço, e, finalmente, o valor de venda. Esse valor de venda *deve* ser maior do que o custo de matéria-prima, produção, venda e impostos. A diferença disso, ou seja, o que sobra, é o lucro. Para chegar à margem de lucro, você precisa calcular o valor desse lucro e dividir pelo valor de venda. Vou explicar melhor.

Há várias maneiras de fazer esse cálculo e elas variam de acordo com o objetivo a ser analisado, mas vou ensinar o formato que prefiro. Vamos continuar com o exemplo anterior e imaginar que, para produzir e armazenar um produto, o custo seja R$ 6 e os impostos sobre a venda desse mesmo produto sejam de R$ 1. Quer dizer que o custo total somará R$ 7. Ótimo. Cheguei no custo de produção, incluindo a tributação.

Decido, então, que vou vender esse produto a R$ 10. Para saber meu lucro aqui, é só pegar R$ 10 (o preço de venda) menos R$ 7 (custo de produção, com impostos), ou seja, ficou no meu bolso o valor de R$ 3, meu lucro. E qual é a margem de lucro? É só pegar esses R$ 3 e dividi-los por R$ 10 (o preço de venda): esse é o percentual, a margem de lucro – nesse caso, chegamos a 0,3, que, transformado em porcentagem, equivale a 30%. Então, recapitulando até aqui: eu vendo cada unidade do produto a R$ 10 e tenho 30% de margem de lucro. Se eu vender R$ 1.000 desse produto, vou ter R$ 600 de custos de produção, R$ 100 de impostos e R$ 300 de lucro. Ou seja, se eu pegar R$ 1.000 e multiplicar por 30%, vou ter exatamente o meu lucro final.

Tabela 6   Cálculo simplificado da margem de lucro

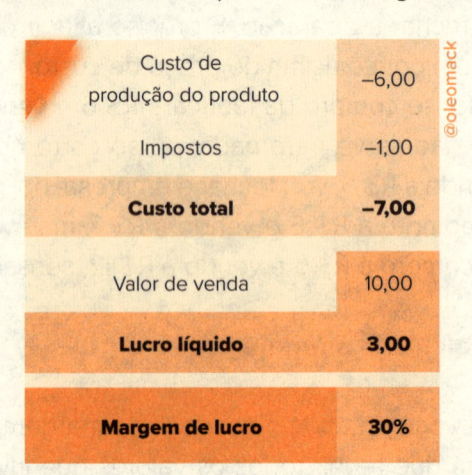

Custo de produção do produto	−6,00
Impostos	−1,00
Custo total	**−7,00**
Valor de venda	10,00
Lucro líquido	**3,00**
Margem de lucro	**30%**

@oleomack

Fonte: elaborada pelo autor.

É importante aprender a fazer esse cálculo. Acredite: conheço muito empreendedor que não sabe calcular margem de lucro e que não dá muita atenção para esse aprendizado. Tem muita gente, principalmente que presta serviço, que não consegue chegar nesse denominador e acaba cobrando menos do que o custo de produção. E essas pessoas me dizem: "Nossa, estou vendendo muito!". Sim, mas o preço está muito abaixo do mercado e vocês não têm lucro! E o empreendedor começa a vender, vender, vender, acaba pegando até empréstimo para alavancar suas vendas e no final das contas está se afundando! É como se tivesse comprado o produto a R$ 6 e emprestado dinheiro para comprar mais produto para vender por R$ 3, fazendo um baita rombo na empresa.

O poder do um

Verne Harnish[42] criou uma técnica chamada "poder do um". O que é isso? Basicamente, mostra que temos que encontrar qual é aquela coisa, aquele indicador, aquele negócio dentro da nossa empresa que, se mudarmos um pouquinho, dará um ótimo resultado.

Um exemplo bem simples: se falamos de varejo, normalmente o preço do fornecedor provoca um grande ganho. Vamos imaginar que comprei um produto com impostos de venda inclusos a R$ 7 e o vendi a R$ 10. Consigo, então, ter uma margem de 30%. Como eu aumento essa margem? Onde está a grande chave?

Posso chegar para um fornecedor e dizer: "Olha, quero negociar com você. Preciso comprar um lote um pouco maior, mas, em vez de pagar R$ 7, eu quero pagar R$ 5,60". Só nessa virada, consigo reduzir 20% do valor daquele produto e aumentar consideravelmente a margem. E isso vai multiplicar muito mais o lucro.

É preciso, então, encontrar esse "um" de que o autor fala, esse item que, se eu mudar, provocará um grande resultado para a empresa, seja na alavancagem da receita, seja reduzindo bastante o custo. Isso me lembra de uma conversa que tive com um gestor da linha de montagem de uma grande marca de automóveis, que comentou que a retirada de uma pequena lâmpada instalada no porta-malas (que não afetava significativamente o cliente) acarretou uma economia de milhões.

42 HARNISH, Verne. **Scaling up:** how a few companies make it... and why the rest don't. Virginia: Gazelles, Inc., 2014.

Muitas vezes, esse "um" está no fornecedor, nos vendedores ou na publicidade. Vamos imaginar que, no exemplo de fluxo de caixa anterior, nós tivéssemos uma equipe de duas pessoas vendendo, conforme o gráfico a seguir:

Gráfico 6 Fluxo de Caixa – Projeção de crescimento

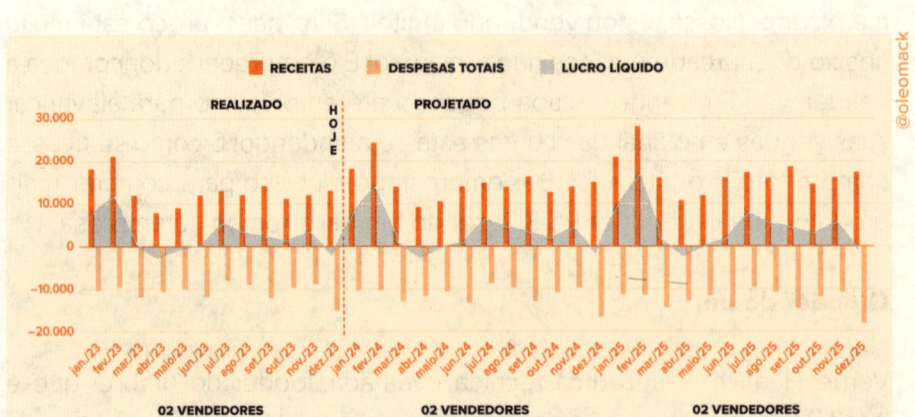

Fonte: elaborado pelo autor.

Agora, observando o histórico de vendas e relacionando com a quantidade de vendedores, temos que, em média, durante o ano de 2023, cada profissional vendeu aproximadamente R$ 6.500 e calculamos que custou na média R$ 5.000. Imagine então se aplicarmos o *poder do um* nos vendedores e projetarmos a empresa com três vendedores em 2024 e quatro vendedores em 2025? Veja só como ficaria:

Gráfico 7 Fluxo de Caixa – Projeção de crescimento maior

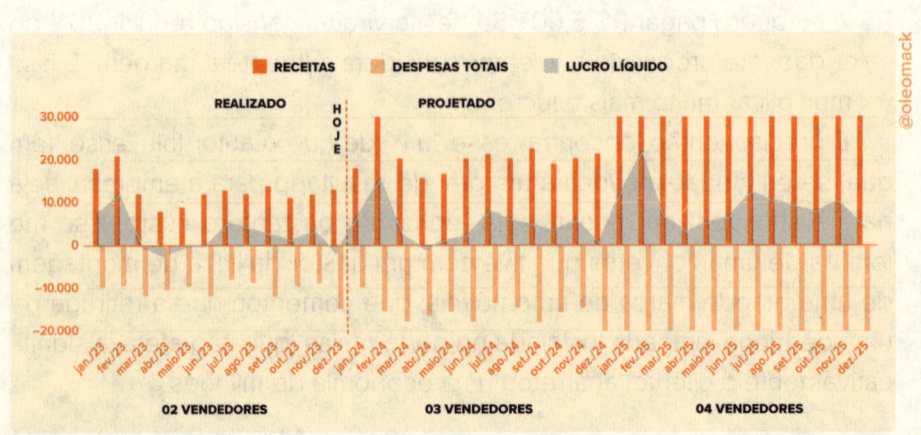

Fonte: elaborado pelo autor.

Sairíamos de um lucro total, no período de três anos, de aproximadamente R$ 120 mil para R$ 200 mil. Então, é tentar encontrar esse único fator que, se ajustado, faz toda a diferença na minha projeção de caixa futuro, seja aumentando bastante as receitas, seja reduzindo muito os custos. E para que serve esse único fator? Essa será a medida principal; você vai ter a noção do que realmente faz a grande diferença dentro da empresa, vai focar isso, definir metas nesse indicador e monitorá-lo como seu grande indicador de crescimento.

Acesso a crédito e investimento em marketing

No item anterior, você viu que é possível dar a grande virada no caixa, focar essa alavanca. A hora que você encontrar essa alavanca, testá--la e perceber que ela está consistente, ou seja, que realmente sua projeção está ocorrendo, então, é o momento de ter acesso a crédito e investir em aquisição de clientes, ou seja, investir em vendas com maior intensidade.

Mas quais são as maneiras de acesso a crédito? Basicamente, seriam empréstimos com pessoas conhecidas, como amigos e familiares, o banco (que se resume aos fundos de investimento dos próprios bancos) e campanhas de crédito para empreendedores. Você vai ter que escolher qual seria a melhor maneira para sua empresa.

Normalmente, os bancos exigem algum bem ou propriedade como garantia. E a grande pergunta é: "Como eu vou emprestar dinheiro se não consigo dar garantia, pois não tenho nada no meu nome, nem casa quitada, nem carro, nada? Como vou ter acesso a esse crédito?". Há vários aplicativos de finanças, contas em bancos digitais e financiadoras que já oferecem crédito pré-aprovado. Essa é uma maneira de acesso mais rápido e de menor volume, obviamente. E, se não conseguir pelo banco, você pode buscar via fomento, como programas que se unem ao Sebrae para poder financiar os empreendedores. Por último, há os sócios investidores, que colocam um valor em troca de participação na sociedade.

Uma vez que você tenha acesso a crédito, é importante investir em aquisição de clientes, ou seja, focar em marketing e vendas.

DESCUBRA O
INVESTIMENTO IDEAL
PARA SUA EMPRESA

Só que não invista tudo de uma vez, mas, sim, aos poucos. Faça testes e, quando começar a ver que esses testes dão resultado, vá aumentando o investimento.

É hora de acelerar ou de pisar no freio?

Sabendo se a empresa dá lucro ou não, vamos analisar agora se é o momento de trazer mais equipe para a empresa (contratar) ou de otimizar processos.

Se você está com lucro e o fluxo de caixa futuro aponta para cima, pode começar a acelerar um pouco mais. Se está negativo, então precisa reduzir os custos para ficar positivo novamente ou encontrar uma maneira de se financiar ou de vender mais. E, com essa análise, consegue saber se vai pisar no freio ou acelerar. Para isso, é preciso que você verifique o caixa diariamente. É sua função saber como está o seu caixa, especialmente nessa fase da empresa.

Adicionei ao nosso exemplo mais uma linha que mostra o saldo da conta-corrente empresarial 1 – principal. Veja que é uma linha tracejada que está subindo e ultrapassando os R$ 100 mil:

Gráfico 8   Fluxo de Caixa – Saldo futuro

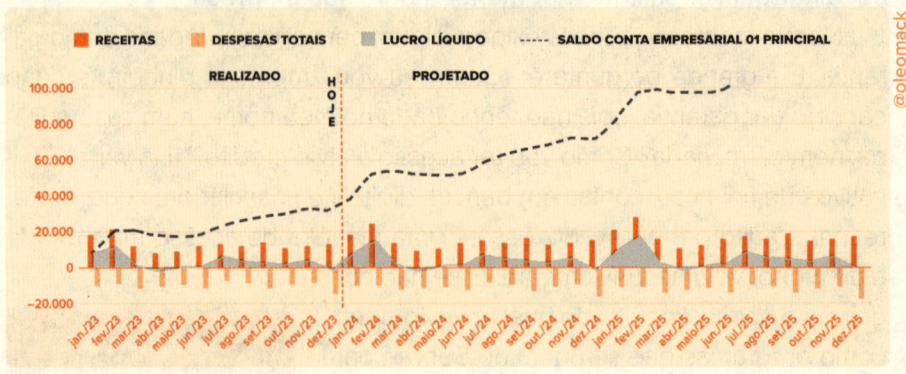

Fonte: elaborado pelo autor.

Tabela 7 Fluxo de Caixa – Saldo futuro 01

EU, EMPREENDEDOR

147

	Realizado	Realizado	Realizado	Realizado	Realizado	Realizado	Realizado	Realizado	Realizado	Realizado	Realizado	Realizado	Hoje	Projetado	Projetado
	jan./23	fev./23	mar./23	abr./23	maio/23	jun./23	jul./23	ago./23	set./23	out./23	nov./23	dez./23	jan./24	fev./24	mar./24
Receitas	**18.000**	**21.000**	**12.000**	**8.000**	**9.000**	**12.000**	**13.000**	**12.000**	**14.000**	**11.000**	**12.000**	**13.000**	**18.000**	**24.150**	**13.800**
Despesas totais	**–10.080**	**–9.260**	**–11.720**	**–10.480**	**–9.540**	**–11.720**	**–7.780**	**–8.720**	**–11.840**	**–9.660**	**–8.720**	**–14.780**	**–10.080**	**–10.186**	**–12.492**
Despesas gerais	–6.000	–5.000	–8.000	–7.000	–6.000	–8.000	–4.000	–5.000	–8.000	–6.000	–5.000	–11.000			
Pró-labore	–3.000	–3.000	–3.000	–3.000	–3.000	–3.000	–3.000	–3.000	–3.000	–3.000	–3.000	–3.000			
Impostos	–1.080	–1.260	–720	–480	–540	–720	–780	–720	–840	–660	–720	–780			
Vendedores	2	2	2	2	2	2	2	2	2	2	2	2	2	2	2
Média de vendas de cada vendedor	9.000	10.500	6.000	4.000	4.500	6.000	6.500	6.000	7.000	5.500	6.000	6.500	9.000	12.075	6.900
Lucro líquido	**7.920**	**11.740**	**280**	**–2.480**	**–540**	**280**	**5.220**	**3.280**	**2.160**	**1.340**	**3.280**	**–1.780**	**7.920**	**13.964**	**908**
Caixa mínimo							–20.933	–20.167	–19.987	–20.027	–19.753	–19.480	–20.500	–21.267	–21.755
Saldo conta empresarial 1 – principal	**7.920**	**19.660**	**19.940**	**17.460**	**16.920**	**17.200**	**22.420**	**25.700**	**27.860**	**29.200**	**32.480**	**30.700**	**38.620**	**52.584**	**53.492**
Saldo conta empresarial 2 – backup															

Fonte: elaborado pelo autor.

@oleomack

Este é um excelente cenário, em que a empresa está com seu caixa crescendo e investimentos futuros poderão ser feitos para alavancar mais os negócios. Diferente do exemplo a seguir:

Tabela 8 Fluxo de Caixa – Saldo futuro 02

	Realizado	Realizado	Realizado	Realizado	Realizado	Realizado	Realizado	Realizado	Realizado	Realizado	Realizado	Realizado	Hoje	Projetado	Projetado
	jan./23	fev./23	mar./23	abr./23	maio/23	jun./23	jul./23	ago./23	set./23	out./23	nov./23	dez./23	jan./24	fev./24	mar./24
Receitas	18.000	21.000	12.000	8.000	9.000	12.000	13.000	12.000	14.000	11.000	12.000	13.000	18.000	24.150	13.800
Despesas totais	−16.080	−13.260	−17.720	−17.480	−12.540	−15.720	−16.780	−8.720	−11.840	−9.660	−8.720	−14.780	−16.080	−14.586	−19.492
Despesas gerais	−12.000	−9.000	−14.000	−14.000	−9.000	−12.000	−13.000	−5.000	−8.000	−6.000	−5.000	−11.000			
Pró-labore	−3.000	−3.000	−3.000	−3.000	−3.000	−3.000	−3.000	−3.000	−3.000	−3.000	−3.000	−3.000			
Impostos	−1.080	−1.260	−720	−480	−540	−720	−780	−720	−840	−660	−720	−780			
Vendedores	2	2	2	2	2	2	2	2	2	2	2	2	2	2	2
Média de vendas de cada vendedor	9.000	10.500	6.000	4.000	4.500	6.000	6.500	6.000	7.000	5.500	6.000	6.500	9.000	12.075	6.900
Lucro líquido	1.920	7.740	−5.720	−9.480	−3.540	−3.720	−3.780	3.280	2.160	1.340	3.280	−1.780	1.920	9.564	−5.692
Caixa mínimo							−30.933	−31.167	−29.653	−27.683	−25.087	−23.813	−23.500	−23.267	−25.222
Saldo conta empresarial 1 – principal	1.920	9.660	3.940	−5.540	−9.080	−12.800	−16.580	−13.300	−11.140	−9.800	−6.520	−8.300	−6.380	3.184	−2.508
Saldo conta empresarial 2 – backup															

@oleomack

Fonte: elaborada pelo autor.

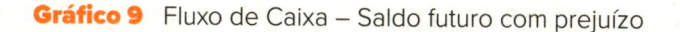

Gráfico 9 Fluxo de Caixa – Saldo futuro com prejuízo

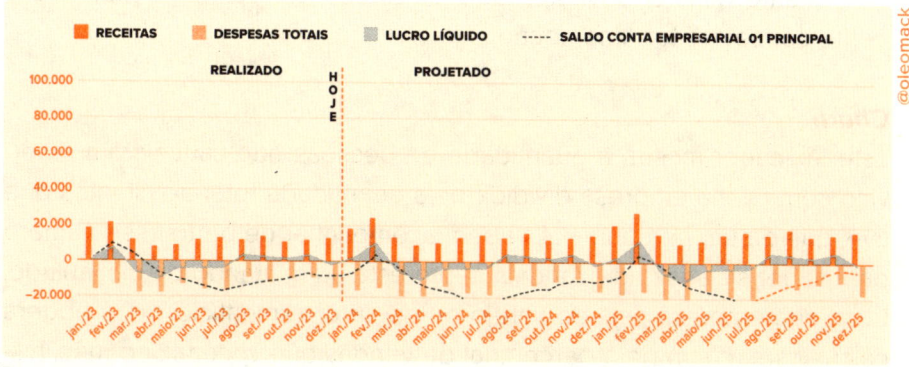

Fonte: elaborada pelo autor.

Vemos que a linha de saldo, tracejada, está ficando abaixo do eixo horizontal do marcador zero, ou seja, o saldo ficou negativo e não tem dinheiro na conta. Essa é uma situação em que se deve buscar o mais rápido possível reduzir custos e aumentar receitas. Se isso não for feito, está claro que em abril de 2023 essa empresa do modelo teria fechado as portas.

Indicadores bônus

Até aqui, compartilhei o conhecimento necessário para sua empresa sobreviver e manter a estabilidade. Quero ir além com você, então, vou apresentar indicadores importantes que geram percepções valiosas para o empreendedor. O foco agora é o conteúdo necessário para que a empresa cresça.

É fundamental que você entenda melhor estes indicadores:

CAC – Custo de Aquisição de Cliente

É um índice que mostra o quanto eu invisto para conseguir trazer clientes para minha empresa. Por exemplo, os valores da minha equipe de vendas e marketing (com salários e premiações) totalizam R$ 10 mil e verifico que realizei duas vendas este mês.

Qual é a fórmula a ser aplicada? Esses R$ 10 mil serão divididos por dois (as duas vendas realizadas este mês), o que resulta no valor de R$ 5 mil. Isso significa o quê? Que meu CAC, o meu custo de aquisição de cliente, foi de R$ 5 mil, ou seja, cada cliente que eu trouxe para a empresa me custou R$ 5 mil. Na teoria, se eu investisse R$ 20 mil, teria trazido quatro clientes. Na prática, não é exatamente proporcional porque quanto mais se investe, mais difícil fica gerir a operação, mas a gente consegue ter uma noção.

Churn

Este indicador mostra a quantidade de pessoas que cancelaram o serviço com minha empresa dividida pela quantidade total de clientes que tive, que dá um percentual. E é bom acompanhar de perto esse número para saber se a taxa de cancelamento está aumentando ou diminuindo. Caso sua empresa seja do varejo ou do setor alimentício, você poderá calcular seu *churn* pelo percentual de vendas que você faz no mês, historicamente falando.

Tabela 9 Exemplo de dados para cálculo do *churn*

Para prestadores de serviço	
Quantidade de clientes	200
Quantidade que cancelou	15
CHURN	7,50%
Para varejistas	
Quantidade de vendas históricas neste período	3.500
Quantidade de vendas feitas	2.500
Diferença entre vendas históricas feitas	1.000
CHURN	28,57%

@oleomack

Fonte: elaborada pelo autor.

LTV – Lifetime Value

É o valor que o cliente representa durante toda a jornada dele na minha empresa. Imagine um serviço de streaming por assinatura (para assistir a séries e filmes) que cobra, por exemplo, R$ 20 por mês. Quanto tempo um cliente permanece, na média, dentro dessa empresa, pagando os seus serviços? Suponhamos que sejam dez meses. Então, ele paga R$ 20 durante dez meses, que somam R$ 200. Isso significa que cada cliente traz R$ 200 para a empresa, ou seja, o LTV é de R$ 200.

Por que é importante medir esse valor, ter essa métrica? Porque, se cada cliente me traz R$ 200, ou seja, paga R$ 20 mensais e cancela no décimo mês, significa que o meu custo de aquisição não pode jamais ser maior do que os R$ 200. Salvo se realmente a estratégia da empresa for pagar mais caro para adquirir clientes porque conseguiu um financiamento de alguma maneira, mas casos como esse são exceção e são muito bem estruturados.

LT – *Lifetime*
Este indicador mostra quanto tempo o cliente fica na empresa. No exemplo que dei anteriormente, foram dez meses. Então, o LT é dez meses.

Ticket médio total
Refere-se ao valor total das receitas dividido pela quantidade de clientes que você tem. Neste caso, se for vendas, sobre a quantidade total de vendas. Vamos imaginar que o faturamento do mês foi de R$ 10 mil e tivemos 40 vendas. Então, dividindo R$ 10 mil por 40, temos um ticket médio de R$ 250.

CADÊNCIA — UMA NOVA EMPRESA A CADA 92 DIAS

Percorremos, até aqui, os três Cs iniciais do Método da Empresa Profissional: coração, cliente e caixa. Chegamos agora ao quarto C, a cadência. Este é um capítulo muito importante porque é uma etapa na qual, se a empreendedora ou o empreendedor não colocar em prática a disciplina, a cadência no dia a dia, o encadeamento rítmico de ações, serão grandes as chances de o negócio não dar certo, não ir para a frente ou ficar sempre do mesmo tamanho.

A recomendação que faço é: seja positivo, assimile este conhecimento e adote na prática as técnicas, os rituais e os hábitos, simples, mas que precisam muito de constância, envolvimento e dedicação. Com o passar do tempo, ficará tudo natural, porque você vai estabelecer um ritmo de trabalho, e as pessoas vão acompanhar esse movimento. O passo seguinte será incorporar outras técnicas para incrementar sua liderança. Vamos adiante, um passo de cada vez.

Ciclos de 92 dias

Eu acredito e defendo que a empresa deve renascer a cada 92 dias. Por que 92 dias? É a primeira pergunta que me fazem. Adoto esse período porque precisamos de um dia para planejar, mais um dia para apresentar para toda a equipe (como foi, como vai ser) e noventa dias para executar e fazer o negócio acontecer. E essa é a disciplina que você terá que aplicar. A cada 92 dias, a empresa tem que renascer, ter novas energias e motivações.

Para que a empresa renasça a cada 92 dias, é necessário que você saiba onde está agora e para onde está indo, qual é o objetivo, qual é o rumo. Muitas vezes, a literatura sobre o mundo dos negócios propõe que cada empresa tenha que já nascer com missão, visão e valores estabelecidos. Estou propondo algo diferente e bem mais simples: começar apenas empreendendo com o coração e atender seus clientes. É isso. Por quê? Porque você, empreendedor, não faz a menor ideia ainda da sua missão/visão/valores – e, no começo, nem quer saber. Quer saber mesmo é de atender o cliente, pagar os boletos no final de todo mês, sustentar e dar conforto para sua família e ver como faz para crescer mais.

Definir missão/visão/valores é importante? Como falei, claro que é, mas no momento certo. Agora que você já empreende com o coração, já tem um ótimo produto que faz seus clientes felizes, e há um planejamento de caixa coeso, podemos começar a pensar em uma missão, um sonho, mas não qualquer sonho.

Não se preocupe se os três Cs anteriores não estiverem perfeitos, do jeito que você idealizou, mas é importante que se encontrem ao menos em andamento para que consiga pensar com clareza na execução da cadência. Vamos lá!

Neste momento, você já sabe que a empresa precisa renascer a cada 92 dias. E, para isso, precisa ter uma noção do que quer com o negócio, para onde ele vai.

Sonho visionário

Pensando em para onde a empresa está indo, proponho o que chamo de *sonho visionário*. O que é isso? É aquilo que o empreendedor imagina que vai transcender. É como se visse a empresa daqui a cinco ou dez anos, um exercício muito importante.

Para treinarmos aqui e agora, vamos imaginar uma empreendedora que tenha uma empresa de varejo no setor de papelaria e digamos que hoje seja dona de apenas uma loja, em Curitiba, no Paraná. Então, o que ela quer com essa loja? Essa empreendedora pode responder: "Quer saber? Eu quero conquistar o Brasil! Quero ter uma loja em cada estado brasileiro". Maravilha! Este é um excelente sonho visionário! E precisa mesmo ser algo que você olhe e diga: "Nossa! Isso hoje é impossível!". Na hora que chegar a essa conclusão, você encontrou seu sonho visionário, que deve ser grandioso e ao mesmo tempo possível de realizar. Não se preocupe, esse sonho pode ser renovado de tempos em tempos.

Toda vez que desenhamos um sonho visionário, precisamos associá-lo a um porquê e a um como. *Como* chegar nesse sonho visionário e *por que* fazer isso? Esse *como* e *porquê* devem vir como um complemento do sonho. Como assim?

Continuando no nosso exemplo: "Meu sonho visionário é ter uma loja em cada estado brasileiro". Por que fazer isso? "Porque as famílias serão mais felizes com nossos produtos personalizados". E como? Vejamos: "Para isso acontecer, cada loja tem que proporcionar a sensação de respeito e proximidade com nossos clientes". Esse é o propósito completo. Então, toda vez que for abrir uma nova loja, ela repete o sonho visionário: "Meu sonho visionário é ter uma loja em cada estado brasileiro porque as famílias serão mais felizes com nossos produtos personalizados e, para isso acontecer, cada loja tem que proporcionar a sensação de respeito e proximidade com nossos clientes". Esse vai ser o mantra da empresa, repetido diariamente, vivido intensamente. É uma visão que será reforçada pelo pensamento, pelas imagens e pelas ações.

Nossa! Agora sim está tudo certo. Nossa empreendedora já tem uma gigantesca visão do seu sonho visionário. Será que falta algo? Sim, algo sutil e que faz toda a diferença. Sozinha ela não chegará muito longe. O sonho pode ter começado com ela, mas agora deve ser da empresa, portanto, no lugar de *meu sonho*, entrará o *nosso sonho*, que ficará assim: "Nosso sonho visionário é ter uma loja em cada estado brasileiro porque as famílias serão mais felizes com nossos produtos personalizados e, para isso acontecer, cada loja tem que proporcionar a sensação de respeito e proximidade com nossos clientes".

A seguir, mostro como *next quarter* seria a próxima seção; logo em seguida, vêm as seções subsequentes (três a cinco anos) e "BHAG" sinaliza o sonho visionário, o topo da montanha.

Figura 7 Escalando sua própria montanha

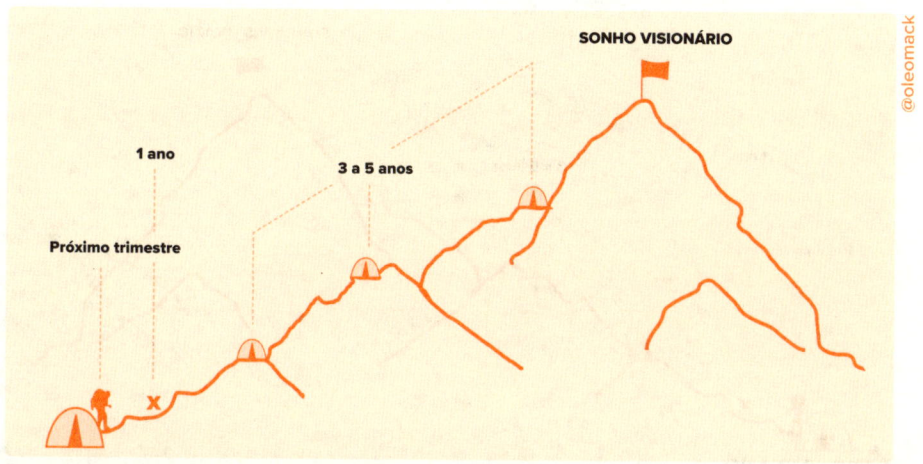

Fonte: Adaptada de HARNISH, Verne. Scaling up: how a few companies make it... and why the rest don't. EUA: Gazelles, Inc., 2014.

Veja, defini qual é a montanha que vou escalar, desenhei o sonho visionário e coloquei a bandeirinha lá no topo. Maravilha! Nessa metáfora com a subida de uma montanha, veja que há várias etapas, seções, que precisam ser conquistadas e cada uma delas tem seus desafios próprios. Exige muita técnica, além de conhecer as características da montanha escolhida e do ambiente em que ela está inserida. Você não sobe a montanha de uma só vez. É preciso dividi-la em várias seções e ir avançando pouco a pouco, reabastecendo, conversando com as pessoas, ultrapassando obstáculos, aprendendo e ensinando, até que uma hora se chega lá no cume.

Da mesma maneira acontece com os objetivos da empresa: você tem esse sonho visionário, marca esse ponto com a bandeirinha verde e o divide em pelo menos cinco anos. Isso significa que precisamos necessariamente saber tudo que vai ser feito nesses cinco anos? Não. O que você precisa saber é o seguinte: qual é o sonho visionário, para daqui a cinco anos, e qual será o plano para os próximos doze meses rumo a ele. Apenas isso.

E em que nível precisamos dividir esses próximos doze meses? Preciso saber tudo sobre os próximos 365 dias? Não. Precisa saber apenas qual é o grande objetivo. Seguindo com nosso exemplo da empreendedora, vamos imaginar que ela queira, nos próximos doze meses, abrir duas novas lojas, em dois estados diferentes.

Figura 8 Gráfico da cadência necessária para se alcançar o sonho visionário

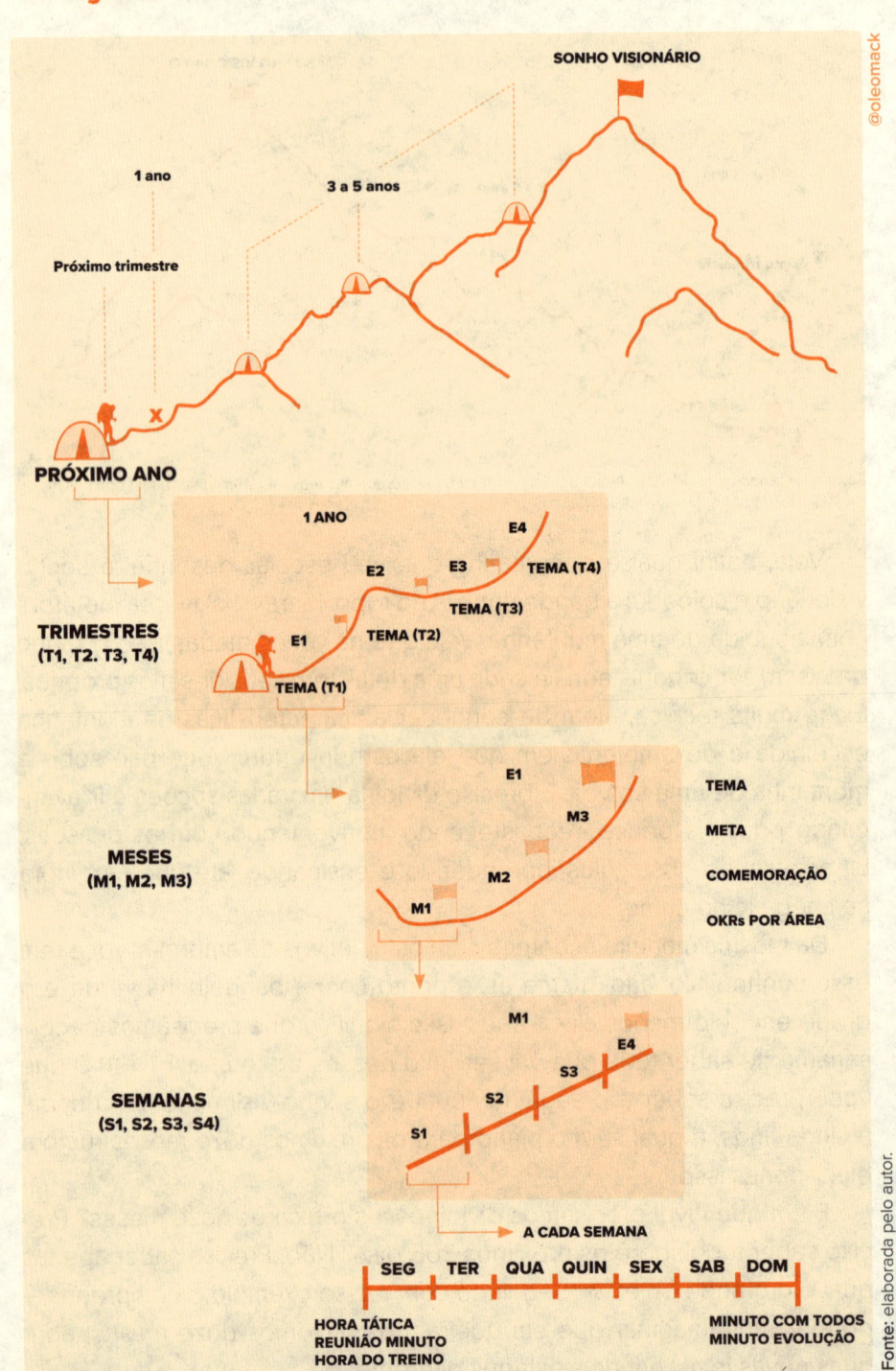

Fonte: elaborada pelo autor.

E agora aprofundamos mais um pouco, entrando no nível trimestral. Dividimos, então, o ano em quatro trimestres: T1, T2, T3 e T4. Quanto mais amplo o período, mais dis-tante e menos detalhes. Quanto mais próximo de hoje o período, mais restrito e de mais detalhes a gente precisa.

A nossa empreendedora vai colocar o objetivo do primeiro trimestre, o T1. Precisamos saber tudo do T1 e, aí sim, aprofundaremos. No T1, ela precisará de todos os orçamentos para abrir mais uma loja.

Quando estamos no T1, no primeiro trimestre, precisamos de quatro pontos importantíssimos para direcionarmos a empresa inteira:

1. uma meta;
2. um tema;
3. os objetivos por equipe;
4. uma comemoração.

Usaremos esses quatro itens a cada trimestre, e é esse movimento que faz a empresa renascer sempre. Por isso são necessários 92 dias.

Para que a empreendedora consiga executar esse plano, ela precisará dedicar um dia para planejar todo o trimestre, definindo tema, meta, objetivos por área e comemoração. No começo, nas primeiras vezes que ela fará isso, provavelmente estará sozinha. Depois, vai começar a envolver as pessoas da equipe.

Nesse planejamento, então, o primeiro passo é definir a *meta*. No nosso modelo, a empresa tem apenas uma loja lá em Curitiba e, neste primeiro trimestre (T1), a ideia é abrir mais uma loja no estado; vamos optar por Foz do Iguaçu, por exemplo. A meta pode ser: "Inaugurar a loja em Foz do Iguaçu até a última semana do primeiro trimestre (25 de março) e realizar uma venda".

Agora que temos a meta, precisamos criar o tema. Vou dar um exemplo: nosso modelo é uma loja de varejo, do ramo de papelaria. Então, o tema tem que ser algo divertido, que anime, que seja talvez até engraçado, e a empresa inteira vai "vestir" a ideia: os móveis, as telas dos computadores (papel de parede personalizado); o ambiente estará enfeitado com aquele tema. Lembrando que essa é uma dinâmica *apenas* para a equipe interna da empresa, não para os clientes.

Qual pode ser o tema? Como nossa nova loja será em Foz do Iguaçu, então podemos usar as Cataratas como inspiração para o tema: "Rumo às Cataratas", "Chegamos às Cataratas", "De Curitiba às Cataratas" etc. Tudo que for feito na loja tem que estar associado com as cataratas, com as cachoeiras, água, pureza. Definir o tema é um processo bem criativo, exige imaginação e novas ideias! É um ótimo exercício!

Então, no primeiro trimestre, temos que abrir uma loja em Foz do Iguaçu e o nosso tema é "Rumo às Cataratas!", associado às imagens de cachoeiras e água. Em todos os materiais e em todas as reuniões de equipe, essa ideia estará presente. Tudo terá a identidade visual da campanha "Rumo às Cataratas!".

A *comemoração* é uma parte divertidíssima também porque, ao cumprir totalmente a meta (ou seja, inaugurar a loja em Foz até 25 de março e fazer ao menos uma venda), a comemoração será "destravada". O ponto mais importante é que essa comemoração deverá ser uma experiência igual para toda a empresa. Vou repetir: uma experiência igual para toda a empresa. Não é interessante ter comemorações diferentes por setores porque isso causaria favoritismo e desunião entre as áreas, no lugar de unir a equipe. E, falando em Cataratas do Iguaçu, que tal nossa comemoração ser um passeio com tudo pago para todos da empresa, inclusive você, a essa linda maravilha do mundo? Excelente celebração para uma meta ousada.

Vamos agora finalmente para os *objetivos por equipe*. Em geral, cada setor da empresa tem seus objetivos do trimestre, mas é possível também dividir o setor em mais equipes e cada uma delas ter seus objetivos. Mas lembre-se: deixe simples, quanto mais simples, mais fácil as pessoas da equipe comprarão a ideia. A construção desses objetivos pode se basear nesta premissa: para que atinjamos a meta de abrir uma loja em Foz do Iguaçu, até 25 de março, e realizar uma venda na loja, tendo assim a nossa comemoração, cada área terá que ter um objetivo. O pessoal de Finanças, por exemplo, terá que reduzir custos em R$ 15 mil, Vendas precisará vender R$ 250 mil, que representará um novo recorde, Marketing tem que planejar campanhas para ajudar nas vendas, trazendo mais de quinhentas pessoas novas para a loja e por aí vai. Precisamos ter objetivos por área para alcançar o grande objetivo do trimestre.

Chegamos, então, ao nível do mês, para ter mais detalhes do que fazer. Nesta etapa, as equipes devem estar envolvidas. No primeiro mês (deste primeiro trimestre), por exemplo, temos que fazer o planejamento, levantar as informações para poder abrir a loja. No segundo mês, precisamos fazer as compras, fechar com os fornecedores. No terceiro mês, precisamos organizar tudo para inaugurar a loja. Esse é o plano.

O primeiro mês (deste primeiro trimestre) é composto de quatro semanas e, a cada semana, teremos alguns rituais. É aqui que começa o maior movimento. E depois, no segundo e terceiro meses, que compõem o nosso T1 (o primeiro trimestre do primeiro ano que fará parte da construção do nosso *sonho visionário*), isso se repetirá.

Veja, tudo isso que desenhamos envolve disciplina. Para recapitular: nossa empreendedora vai precisar desenvolver o plano, a visão, o sonho visionário de cinco anos, vai dividir esse sonho em um objetivo grande do ano, que no nosso exemplo é construir duas novas lojas, em dois estados. E, no primeiro trimestre, abrirá uma loja no mesmo estado da matriz. No primeiro mês desse trimestre (o nosso T1), ela fará a pesquisa, no segundo mês, contratará os fornecedores e, no terceiro mês, inaugurará a loja. Parece trabalhoso, mas, acredite em mim, é muito mais trabalhoso dedicar décadas trabalhando sempre no vermelho, com dúvidas se terá dinheiro para sustentar sua família, vivendo com o mínimo, usando limites de cartão de crédito e abdicando de tempo com a família do que executar um plano de crescimento de sucesso para sua empresa.

E quando chegamos no nível do mês, o que acontece? Vamos começar a falar de cada semana desse mês, detalhando mais as ações. Veja, quanto mais próximo do dia de hoje, mais detalhes vamos colocando. Aqui se intensifica o envolvimento das equipes.

No primeiro mês, planejamos que faríamos a pesquisa: o ponto mais favorável para inaugurar a loja, os melhores fornecedores da região, qual é o transporte necessário para poder desenvolver as coisas por lá. Então, precisamos envolver todas as equipes para entender o que tem que acontecer na primeira, segunda, terceira e quarta semanas, o que precisa ser implementado para conseguirmos alcançar esse objetivo do mês, fazer todos os orçamentos. No segundo mês, planejamos realizar as contratações, e no terceiro, inaugurar a loja (até 25 de março) e realizar uma venda.

Vamos para o nível da semana. Em todas as semanas, temos cinco momentos que precisam acontecer, em todas as equipes. O empreendedor tem que dividir a empresa em equipes por área. E essas equipes devem ter, no máximo, sete pessoas. Por quê? Porque, quando você vai inserindo mais pessoas, a complexidade de comunicação vai aumentan-do. O esquema a seguir mostra que a complexidade (número de intera-ções) gerada pela comunicação entre duas pessoas é 2, entre três pes-soas é 6, entre quatro pessoas é 24 e assim vai crescendo: é o número de pessoas fatorial. Veja, é fácil: se forem quatro pessoas, é $4 \times 3 \times 2 \times 1$. Cinco pessoas: $5 \times 4 \times 3 \times 2 \times 1$. A complexidade é gigante, por isso, sete é o limite máximo.

Figura 9 Níveis de comunicação, propostos por Verne Harnish

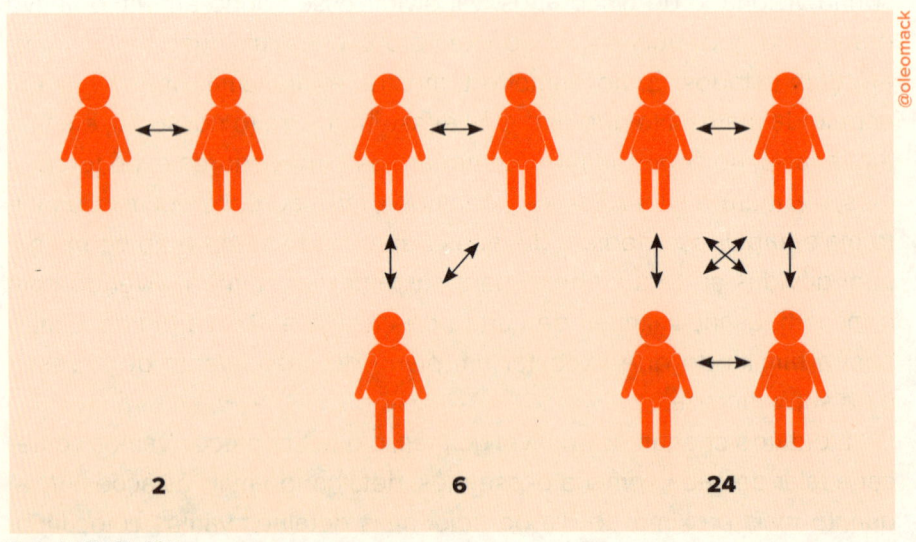

Fonte: HARNISH, 2014.

Depois de montadas essas equipes, elas participarão do que cha-mamos de *reuniões-minuto*, encontros diários, no período da manhã, bem rápidos, de no máximo quinze minutos. Todas as equipes fazem a reunião-minuto, e o objetivo é compartilhar algumas informações muito simples, o andamento do trabalho, em poucas frases: (1) o que eu fiz no dia anterior, (2) o que eu vou fazer no dia de hoje e (3) se eu preciso de ajuda. É isso, apenas três itens. E todos falam. A sugestão é fazer uma roda, de preferência de pé, com todos se olhando, e cada um apresenta o status: "Eu fiz isso ontem, hoje vou fazer tal coisa e preciso de ajuda com isso e aquilo". E passa para o próximo, até o último. Esse recurso estimula a organização pessoal, o comprometimento da pessoa perante a equipe e a colaboração entre os participantes. Dessa maneira, todos têm condições de dar o melhor.

Para que funcione, é necessário que haja uma pessoa orquestrando. Normalmente, é a liderança da equipe. Quando não há, normalmente é o empreendedor ou alguém que ele já esteja desenvolvendo para esse papel. É assim que funciona. Ponto importante: o que pode dar errado nessa reunião? Primeiro, as pessoas falarem demais e passar do tempo estabelecido; depois, alguém pedir ajuda e o outro não ajudar.

É o líder que precisa ser ágil para resolver tudo isso. No final, depois que todos compartilharem o andamento das suas tarefas, o orquestrador precisa fechar a reunião: "Ótimo! Fulano precisa de ajuda. Quem pode ajudar?". E a equipe se resolve. Já quando a pessoa começa a se mostrar muito prolixa, demorar muito para se colocar, no final, cabe a quem está organizando explicar novamente de uma maneira geral (para não constranger aos que se estenderam muito), reforçando o formato da dinâmica: "Pessoal, olha, a gente precisa ser um pouco mais objetivo porque senão vamos ultrapassar o tempo do encontro" ou "A ideia aqui é que a gente consiga ter uma noção do que fizemos e do que vamos fazer hoje para alcançar os objetivos do mês, da semana e ver se alguém precisa de ajuda, para a gente poder dar suporte". É isso. Tem que deixar tudo bem explicado.

Gosto muito desta frase do livro *Scrum*: "É responsabilidade da gerência definir os objetivos estratégicos, mas é incumbência da equipe decidir como atingir essas metas".[43] Quando o empreendedor está realizando essas reuniões, ele costuma tentar resolver tudo, querer dar as respostas. Ele sempre fez tudo sozinho, então isso é natural. Essas dinâmicas, no entanto, são importantes para que o empreendedor possa exercitar a liderança e treinar *delegar*, permitindo que as pessoas cresçam durante o processo. É essencial este ponto: tem que deixar a equipe pensar, resolver as questões, porque senão as pessoas não vão conseguir ter autonomia e acabarão se desmotivando com o tempo, por não serem instigadas a ir além delas mesmas.

Uma técnica que posso compartilhar sobre comunicação é a que Ray Dalio[44] nos ensina: precisamos transitar com eficiência nos níveis de comunicação. Como será exemplificado a seguir, costumamos nos perder

---

43 SUTHERLAND, Jeff. **Scrum**: a arte de fazer o dobro do trabalho na metade do tempo. São Paulo: Leya, 2014. p. 55.

44 DALIO, Ray. **Princípios**. Rio de Janeiro: Intrínseca, 2018. pp. 261-263.

nos assuntos durante as conversas. Começamos a falar com as pessoas e trazemos outros temas que se desviam do principal.

Qual é o nível geral do raciocínio? Vamos imaginar que você esteja conversando com a sua equipe e diga: "Precisamos vender para duzentos clientes neste mês, como faremos?". Qual é o nível um pouco abaixo desse raciocínio? "Podemos divulgar nossos produtos nas redes sociais", por exemplo. Qual é o nível um pouco mais abaixo, um subponto? "Precisamos criar uma conta na rede social." O subponto disso seria: "Vamos ter que pagar o selo de verificado". Um subponto mais a seguir: "Não temos dinheiro para pagar e divulgar nas redes sociais". Veja que o quadro inicial, o começo disso, foi: "Precisamos vender para duzentos clientes neste mês, como faremos?". São níveis de comunicação.

A questão colocada foi vender para duzentos clientes. Alguém da equipe pode falar: "Podemos divulgar nossos produtos nas redes sociais". O outro fala: "Podemos fechar a loja um pouco mais tarde". E o outro: "Podemos fazer promoções-relâmpago". Eu desci um nível e estou falando do mesmo tipo de subtópico. Então, onde começa a confusão? Quando o pessoal começa a descer mais subníveis e a conversa se perde. Começam a mergulhar em um assunto, que puxa outro e outro, e perdeu-se o rumo. Essa conversa pode ser exemplificada pela figura a seguir, porque vai se perdendo e não tem uma síntese final.

Figura 10 Nível de comunicação ruim

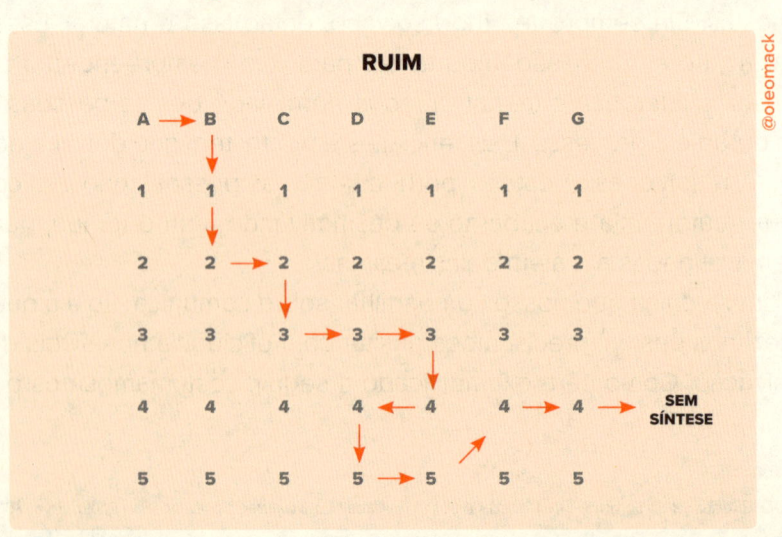

Fonte: DALIO, 2018.

A comunicação é boa quando segue uma linha reta superior (conforme figura a seguir) e conseguimos transitar no mesmo nível ou, no máximo, descer um pouco, subir de novo, voltar a descer um tanto e subir, chegando no nível final com uma síntese. É isso que precisamos estabelecer. Temos que saber transitar entre os níveis. Isso é bom, porque normalmente as discussões, o aprendizado, essas técnicas de cadência vão exigir que o líder que está orquestrando, esse empreendedor, consiga puxar sempre a equipe para um nível de comunicação necessário para que se chegue a um fechamento.

Figura 11 Nível de comunicação bom

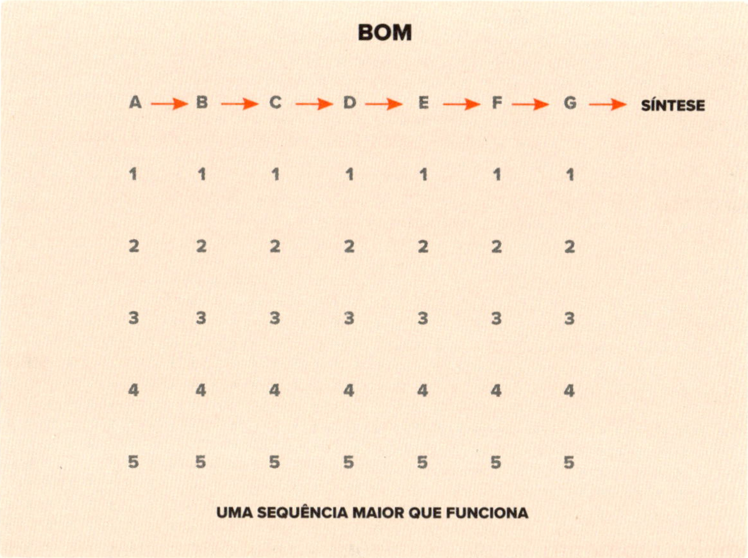

Fonte: DALIO, 2018.

Ponto importante: todas essas reuniões-minuto matinais precisam de animação, de felicidade, de alegria, porque isso se transmite para os times. Fazer uma reunião com a equipe estando meio desanimado vai desanimar a todos. Experimente fazer uma conversa dessas de cara emburrada ou de mau humor. Vai contagiar a todos e todos perderão o dia de trabalho. Já vivi isso. Você vai perceber também, se acontecer.

A nova agenda semanal para você e suas equipes

Como mencionei, são cinco momentos que precisam acontecer para a realização dos *objetivos por equipe*, nos quais envolveremos a todos.

A sua agenda e de sua equipe ficará assim:

	SEGUNDA	TERÇA	QUARTA	QUINTA	SEXTA
MANHÃ (primeiro horário)	HORA TÁTICA (1 hora) REUNIÃO-MINUTO (15 min)	REUNIÃO-MINUTO (15 min)	REUNIÃO-MINUTO (15 min)	REUNIÃO-MINUTO (15 min)	REUNIÃO-MINUTO (15 min)
TARDE (logo após o almoço)	HORA DO TREINO (1 hora)				
TARDE (final do dia)					REUNIÃO-MINUTO COM TODOS (30 min) REUNIÃO-MINUTO EVOLUÇÃO (20 min)

Primeiro momento: *reuniões-minuto* – reuniões diárias de conversas com as equipes das diferentes áreas com suas lideranças e que precisam acontecer todos os dias, logo de manhã, com pautas majoritariamente operacionais, ou seja, com atividades do dia.

Segundo momento: *hora tática* – reunião entre lideranças das equipes, extremamente necessária e majoritariamente estratégica. Mesmo que você não tenha uma equipe ainda, crie o hábito de fazer sozinho, pois trata-se de uma reunião essencial. Ela é semanal (de preferência às segundas-feiras, no primeiro horário), com duração máxima de uma hora, com todas as lideranças de cada área. Para que serve essa reunião? Para falar do objetivo do mês e o que cada líder executará na semana. O líder principal pode abrir assim: "Bom dia, pessoal! O objetivo do nosso mês é este e aqui estão as tarefas de cada semana e qual é o andamento de cada item. Esta semana tem isso, tem aquilo e preciso de ajuda nisso (ou não preciso de ajuda). Bom trabalho a todos!". Isso acontece entre as lideranças ou as pessoas que representam cada equipe. Caso alguma equipe não tenha uma liderança, sugira que tragam as pessoas nas quais tenham mais confiança em cada equipe. É o suficiente.

A figura a seguir representa uma estrutura organizacional funcional de uma empresa. Meu propósito é fazer com que você consiga chegar neste estágio com maestria aplicando o método. Aqui se alcançou um nível de Empresa Profissional, com maturidade ideal para continuar crescendo, que agora poderia dobrar a equipe, para alcançar pelo menos sessenta pessoas. A partir daí, serão necessárias novas técnicas para continuar avançando, mas garanto que até aqui, colocando em prática o que ensino neste livro, você conseguirá empreender com sucesso e formará uma equipe de aproximadamente trinta pessoas.

Figura 12 Minha visão de estrutura organizacional, com foco operacional, tático e estratégico

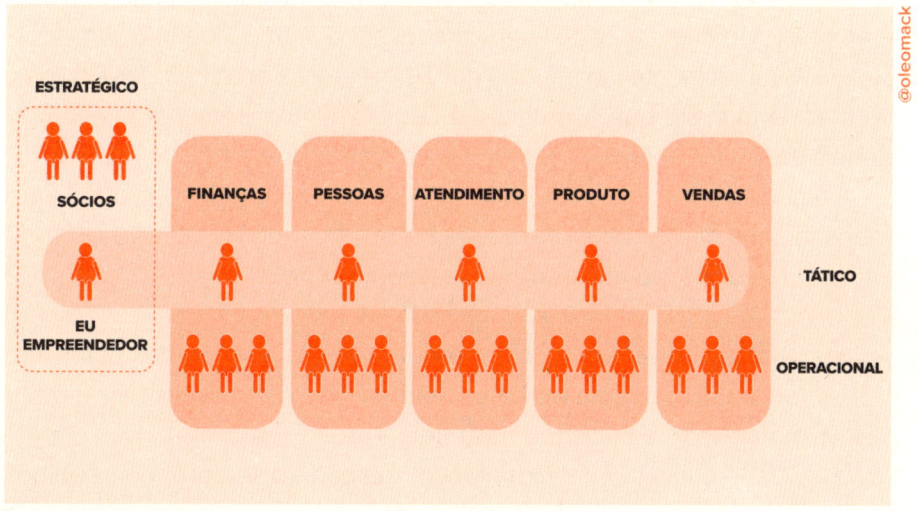

Fonte: elaborada pelo autor.

Terceiro momento: *hora do treino* – treino de cada equipe, que ocorre semanalmente, de preferência na segunda-feira, no primeiro horário da tarde, logo após o almoço. É um momento estratégico, que deve ter duração máxima de uma hora. Treinamento do quê? De qualquer habilidade ou procedimento que precise ser aprimorado. E geralmente as lideranças e as equipes sabem o que precisa ser melhorado.

Costumo dizer ao meu time: "O que você faz no treino acontece no jogo". Pense em um esportista, um atleta. No jogo, ele aciona o piloto automático. Se ele não treinou uma determinada jogada, não vai fazer no campo. Na empresa, acontece da mesma maneira. Se as pessoas não treinarem bem o atendimento ao cliente, a persuasão, empregar uma determinada técnica ou preparar um bolo, que seja, não vai fazer certo. Na hora que precisar, não vai sair. Então, vá treinar. Você treina para colocar em prática durante a semana.

Quarto momento: *reunião-minuto com todos*, que acontece na sexta-feira, no finalzinho do dia, logo depois que a loja ou o escritório fecharam ou 15 minutos antes de encerrar o expediente. A ideia é apresentar como foi a semana. Normalmente, cada liderança fala representando a equipe. É bem rápido e o ideal é que seja em tópicos. Algo como: "Mandamos bem nisso, fizemos aquilo, não conseguimos fazer isso e vamos tomar providências para melhorar nesses pontos na semana que vem" ou "Atingimos isso, não atingimos aquilo e para reverter faremos isso". E acabou. É uma reunião rápida, de no máximo 30 minutos.

Quinto momento: *reunião-minuto evolução*, uma reunião geral, com toda a empresa, no final da sexta-feira, para fechar a semana de trabalho, apresentando rapidamente (no máximo em 20 minutos) a *evolução das equipes*, da mesma maneira que acontece na reunião-minuto diária. Pode ser logo depois da reunião-minuto com todos (já fiz antes e funcionou bem também).

Como fazer essa reunião-minuto evolução? Sutherland propõe que todos falem e cada líder anote as respostas da equipe. Pode-se padronizar as questões,[45] para ficar mais fácil medir depois:

- Qual é o nível de felicidade com relação à empresa como um todo? Dê uma nota de 1 a 5, sendo que o 1 é o menos feliz e o 5 é o mais feliz. E justifique essa nota.
- Qual é o nível de felicidade com relação ao seu próprio trabalho? Dê uma nota de 1 a 5. E justifique essa nota.
- O que você aprendeu esta semana que gostaria de compartilhar com todos?
- O que vai deixá-lo mais feliz na semana que vem?

---

45 Adaptado de SUTHERLAND, *op. cit.*, p. 157.

Como funcionaria, então, essa reunião? Cada pessoa poderia falar algo assim: "Bom, a minha nota para a empresa é 4 porque nós não conseguimos atingir as nossas metas de vendas e isso é muito importante para que a gente consiga abrir a nossa loja lá em Foz do Iguaçu. A minha nota pessoal é 3 porque não consegui bater a minha meta individual de vendas. Eu aprendi esta semana que preciso treinar mais minha persuasão para vender melhor para os clientes. E o que vai me deixar mais feliz na semana que vem é eu conseguir reservar um horário para conversar com o Anderson, que vendeu muito esta semana. Quero conseguir melhorar e aprender algumas técnicas de vendas com ele". Então é a vez do próximo e todos falam. O líder principal faz as anotações mais importantes da equipe para trabalhar no próximo treinamento e fecha a reunião geral: "Pessoal, muito obrigado por compartilhar o nosso desenvolvimento nesses últimos dias, semana que vem temos bastante aprendizado para colocar em prática. Um excelente descanso a todos!". E seguimos em frente!

Essa é a disciplina, a cadência, de que precisamos!

Gestão à vista

Este é um clássico do Kanban,[46] uma excelente ferramenta de gestão de tarefas que pode ser aplicada, já que favorece boas reuniões, compartilhamento de informações e andamento dos projetos.

Figura 13 Gestão à vista adaptado

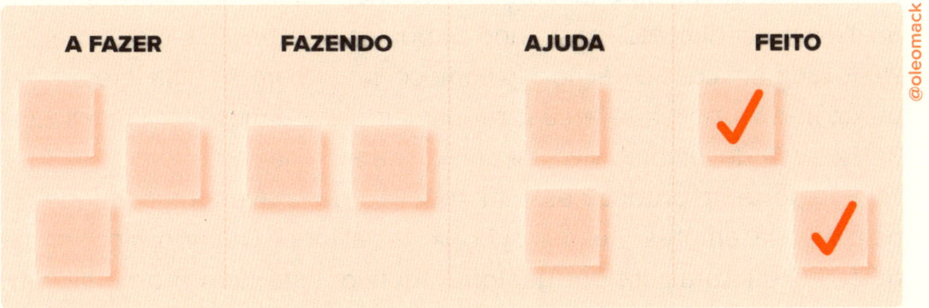

Fonte: elaborada pelo autor.

46 Kanban é uma metodologia de gestão criada no Japão que usa quadros com cartões coloridos para orientar o fluxo de tarefas de uma equipe. PAULILLO, Júlio. Entenda o que é gestão à vista e como usar para gerenciar a força de vendas. **Blog Agendor.** Disponível em: https://www.agendor.com.br/blog/gestao-a-vista/. Acesso em: 27 jan. 2023.

É importante que você consiga fixar, na empresa, um grande quadro, painel ou lousa (pode ser até uma cartolina grande, se a equipe for muito pequena), em uma parede de fácil acesso e visualização (pode usar on-line, se a empresa utilizar mais esse recurso). Sugiro que divida esse quadro de maneira bem simples, em quatro colunas: *a fazer*, *fazendo*, *ajuda* e *feito*. E cada equipe coloca lá os seus cartões coloridos, de preferência separadas por cores escolhidas para cada área, organizando corretamente, para compartilhar as atividades que precisam ser feitas.

Todas as manhãs, a pessoa vai ao quadro, retira uma nota adesiva de *a fazer* e coloca em *fazendo* porque ela está começando aquela tarefa naquela semana ou naquele dia. Se precisar de apoio, fixa na coluna *ajuda* e, quando terminar, vai para *feito*. A missão é que, todo início de semana, as notas adesivas estejam na coluna *a fazer* e, no último dia da semana, todas as notas adesivas estejam na última coluna, de *feito*. Excelente!

Playbooks

Chamo de *playbooks* os manuais de procedimentos que todas as áreas precisam ter. Recomendo que sejam de fácil acesso, bem simples, para que todos possam entendê-los e que sejam preferencialmente documentos on-line (Google Docs). Se preferir, você poderá fazê-los em vídeos também.

Qual seria o *playbook* da área de Finanças? Certamente incluiria este item: "Como fazer a folha de pagamento". Então, uma pessoa da equipe prepara um documento (um arquivo on-line), explicando passo a passo qual é o procedimento, mostrando os pontos de atenção e o que precisa ser levado em consideração. No começo, pode parecer uma tarefa complexa, mas, depois que você faz a primeira vez, é muito fácil atualizar e deixar esse documento vivo, disponível para treinamentos.

É importante produzir esse material porque haverá rotatividade de pessoas na empresa, e o *playbook* salva tudo. Quando alguém sai de férias ou se afasta por qualquer motivo, está tudo pronto já! Ninguém precisa ficar se desesperando para saber como proceder, como resolver as principais tarefas daquela área. Não! Já tem *playbook*, tem documentos, em alguns casos até vídeos gravados mostrando os processos principais. É muito tranquilo quando temos *playbooks* por áreas.

Os hábitos da Empresa Profissional

Tenha sempre em mente a cadência e a disciplina necessárias para monitorar, de maneira rítmica, o andamento do planejamento da empresa, para você alcançar seu sonho visionário, utilizando as ferramentas apresentadas:

1. Reuniões trimestrais de alinhamentos estratégicos (sócios e lideranças).
2. Reuniões mensais de alinhamentos estratégicos, para saber se está cumprindo com os objetivos do trimestre (sócios e lideranças).
3. Reuniões táticas semanais, para o alinhamento com as decisões mensais (lideranças).
4. Reuniões diárias com a equipe, para alinhamento operacional, com base nas decisões semanais (equipe operacional com seus líderes).

E reforçando: por que 92 dias para a empresa renascer? Porque precisamos de um dia para planejar, mais um dia para apresentar tudo isso para a equipe e os outros 90 dias trabalhando. Na apresentação, você, empreendedor, compartilha a ideia. Por exemplo: "Pessoal, este é o novo tema que vamos trabalhar neste trimestre, que vai ser nossa loja nas Cataratas. E agora todas as lideranças vão apresentar como nós vamos chegar nessa meta de abrir uma loja lá em Foz do Iguaçu. Se conseguirmos, vamos ter como comemoração uma viagem para lá. Beleza?". E as lideranças apresentam o que foi planejado.

No próximo trimestre, exatamente a mesma coisa: um novo tema, uma próxima meta, objetivos por área e comemoração. A próxima meta pode ser: abrir uma loja em Minas Gerais. E o tema será "Uai, sô, rumo a BH!" ou algo assim. E seguimos o mesmo procedimento. Assim, a empresa renasce a cada 92 dias. Todo mundo consegue pensar em novas metas, novos objetivos em conjunto e cada vez mais a empresa tem que envolver as lideranças. Aí, o negócio anda, flui muito mais.

Resumindo seu ciclo de 92 dias

- A empresa tem que renascer a cada 92 dias. Para que ela consiga renascer, a empreendedora do nosso exemplo precisa saber onde ela está agora. "Hoje eu tenho apenas uma loja em Curitiba."

- Este é o momento de ela se perguntar para onde a empresa está caminhando: "Qual é o meu sonho visionário?". Sonho visionário é aquele que parece impossível no momento, mas é atingível com muito trabalho. "Meu sonho é ter uma loja em cada estado brasileiro."

- Definido esse sonho visionário, precisa determinar o *porquê* e o *como* para poder concretizá-lo dentro de cinco anos, com a equipe. "Nosso sonho visionário é ter uma loja em cada estado brasileiro porque as famílias serão mais felizes com nossos produtos personalizados e, para isso acontecer, cada loja precisa proporcionar a sensação de respeito e proximidade com nossos clientes."

- **Objetivo grande – primeiro ano**
  Para concretizar o nosso sonho visionário, neste primeiro ano, vamos criar um *objetivo grande*: abrir duas lojas em dois estados.

- **T1 – primeiro trimestre (do primeiro ano)**
  Para abrir as duas lojas, vamos fundar, neste primeiro trimestre, mais uma loja, em Foz do Iguaçu. Para que nós consigamos inaugurar esta loja, o que vamos precisar fazer? Dividiremos o primeiro trimestre em três meses e nos organizaremos.

- **Escolher a meta do T1**
  Em cada trimestre, é necessário que se estabeleça uma meta, e a empresa inteira tem que conhecê-la. No nosso exemplo, a meta será inaugurar uma loja em Foz do Iguaçu, até o dia 25 de março, e fazer uma venda.

- **Escolher o tema do T1**
  Nosso tema é "Rumo às Cataratas!". E vamos enfeitar o escritório em Curitiba com fotos das Cataratas, instalar papel de parede criativo em todos os computadores, confeccionar camisetas, bonés ou *squeezes* com mensagens #rumoascataratas, envelopar as portas do escritório, instalar um vaporizador de água na entrada para lembrar a água batendo no rosto e por aí vai. Vamos colocar o tema em todos os cantos, fazer o pessoal vibrar esse tema, vivê-lo profundamente, criar coisas para que as pessoas se lembrem dele constantemente; tem que fazer com que fique vivo para todos. É isso que faz a empresa renascer a cada 92 dias com muita energia.

- **Planejar os objetivos do T1, por área**

  Para alcançar essa meta, precisamos ter objetivos por área para alcançar o grande objetivo do trimestre, abrir uma loja em Foz do Iguaçu. O pessoal de Finanças terá seus objetivos, assim como Vendas e demais equipes.

- **Criar uma comemoração do T1**

  Assim que atingirmos essa meta do trimestre, todos da empresa ganharão um passeio às Cataratas de Foz Iguaçu para celebrarmos todo o empenho dos times!

- **Hora tática (segunda-feira)**

  Para que tudo aconteça de maneira cadenciada, é necessário que as equipes se reúnam com regularidade. E toda segunda-feira, no primeiro horário, acontece uma reunião entre lideranças, que falarão sobre o objetivo do mês e o da semana. Como estão as equipes, se tem algum impeditivo, qual é a missão da semana daquela equipe, se alguém precisa de ajuda e como podemos auxiliar. Faz-se um sinaleiro, um semáforo, no qual verde é o que está no prazo; amarelo, o que o líder está sentindo que vai ficar fora do prazo; e vermelho, o que está atrasado e exige muita atenção agora.

- **Reunião-minuto diária (todas as manhãs)**

  Logo depois de a reunião das lideranças acontecer, que dura no máximo uma hora, os líderes vão para a *reunião-minuto – diária* de cada equipe. Nessa reunião, todos falam e precisa ter uma pessoa orquestrando, que anuncia qual é a missão da semana. Cada pessoa fala sobre o que fez na semana passada (1), o que fez no dia anterior (2), o que vai fazer naquele dia (3) e se precisa de ajuda (4). Isso se repete a cada dia, de segunda a sexta, e dura no máximo quinze minutos.

- **Hora do treino (segunda-feira)**

  Ainda na segunda-feira, cada liderança organiza um treinamento para sua equipe, no primeiro horário depois do almoço. Treinamento do quê? Cada equipe sabe o que precisa aprimorar, então, prepare este treinamento de acordo com cada necessidade.

- **Reunião-minuto com todos (sexta-feira, final do dia)**

  Nesta reunião geral, com toda a empresa, no final da sexta, cada liderança fala um pouquinho de como foi a semana: o que fez e que deu certo (1), o que não conseguiu fazer (2) e o que vai fazer para melhorar na semana seguinte (3). Isso leva no máximo trinta minutos.

- **Reunião-minuto evolução (sexta-feira, final do dia)**
  Depois da reunião-minuto com todos, vocês se dividem novamente em equipes de cada área para a reunião-minuto evolução. Como fazê-la? Respondendo a essas quatro questões:

1. A minha nota de 1 a 5 para a empresa como um todo.
2. Qual é a minha felicidade para o meu desempenho?
3. Qual é o aprendizado que eu tive esta semana?
4. O que vai me deixar feliz na semana que vem.

A liderança tem que anotar tudo isso. Leva no máximo 20 minutos; por isso, tem que ter até sete pessoas na equipe.

Caminhamos agora para o quinto C – cultura. Você já criou um ambiente organizacional até aqui, e agora precisa estabelecer uma cultura empresarial que reforce aonde a empresa quer chegar e que fortaleça os movimentos rumo ao sonho visionário.

CULTURA — IDENTIFICAR E POTENCIALIZAR

Você agora sai da cadência, da disciplina, das regras estabelecidas, do planejamento do dia a dia, tão importante para a organização geral do negócio, e entra na cultura, que retoma o coração e fecha o ciclo do Método da Empresa Profissional.

Neste momento, com a cultura estabelecida e difundida internamente e para o mundo, a empresa se transforma em um organismo vivo; já não é mais uma máquina que está funcionando ali, simplesmente como um negócio robotizado. Você vai perceber que cada C, afinal, representa um órgão desse mesmo corpo, com diferentes e importantes funções, que quando se harmonizam entre si provocam uma onda de sucesso e prosperidade para todos que ali estão. Muitas vezes, essa harmonia vai além dos limites da empresa e passa a beneficiar a sociedade como um todo. Retomamos aqui o objetivo de servir, a essência natural de todo empreendedor.

Neste capítulo, vou compartilhar técnicas simples e práticas voltadas à expansão dessa cultura. Na cultura é colocada toda a alma do empreendedor, aquilo em que ele acredita, seus valores, suas raízes, tudo o que ele quer ver estabelecido na empresa. Com a cultura, a pessoa passa a ter claro seu propósito e como executá-lo.

O que é a cultura e como identificá-la na empresa

Muitas vezes, os empreendedores não conseguem definir o que é cultura e como ela funciona. Alguns até dizem que suas empresas não têm cultura organizacional. Mas isso é impossível, porque existe um movimento natural que já ocorre em toda empresa, e isso é cultura. É como a organização respira e pulsa.

Parece complicado, mas cultura nada mais é do que o dia a dia da empresa. É o jeito que as pessoas fazem as coisas. Mesmo que o empreendedor não esteja presente, a cultura continua funcionando. Tratar os clientes de uma maneira fria pode ser parte da cultura de determinada empresa. Já se você se relaciona com os clientes de uma maneira mais calorosa, esse tratamento faz parte da cultura da empresa que você lidera. É como se fosse a personalidade do seu negócio: mais sério e formal ou mais simpático e acolhedor.

E como saber qual é a cultura de uma empresa? Há uma maneira muito simples de identificá-la. Antes, gostaria de tratar de outro ponto, que vamos trabalhar aqui neste capítulo, a *autopercepção do empreendedor* e o impacto que ela tem sobre a equipe, o que afeta diretamente a cultura da organização.

Lembra que comentei anteriormente a respeito do humor, da energia do empreendedor durante o dia a dia, nas reuniões, e que ele sempre deve conduzi-las com alegria? É interessante perceber que, no estágio em que a empresa está, a cultura da empresa é exatamente a cultura do empreendedor, a sua empresa hoje é o reflexo da sua cultura. Então, as pessoas vão agir exatamente igual a você, vão imitá-lo. É muito simples: se o empreendedor vê que sua equipe está sendo rude lá na frente do cliente, ele também é rude, pelo menos algumas vezes, com a própria equipe ou até mesmo com o próprio cliente ou com os fornecedores.

Imagine que o empreendedor está falando com um cliente pelo telefone. Ele finaliza a ligação, olha para a equipe e diz: "Consegui uma baita negociação! Caraca, consegui! Olha só que otário! Ele comprou aquele equipamento encalhado!". Qual é a mensagem que o empreendedor passa para a equipe nesse momento? De aproveitador. E é provável que o grupo faça isso com os clientes, em breve. Quando a equipe fizer uma venda, vai querer seguir o modelo do líder: adotar a postura de aproveitador, empurrar alguma coisa que o cliente não quer, tentar jogar um preço mais alto sem ser estratégico, fora do combinado, ou alguma outra barbaridade.

Entender esse mecanismo é muito importante, porque vemos como as coisas funcionam na prática: a equipe age exatamente como o empreendedor age. Saber disso mostra como essa influência é forte. Isso é mais marcante principalmente quando o trabalho é presencial. No trabalho remoto também acontece, mas no presencial é nítido. Precisamos lembrar mais uma vez o impacto da energia do empreendedor sobre o time. **Se você chega na empresa e não lidera pelo exemplo, essa empresa estará solta e vai ser liderada por aquela pessoa que tiver maior influência sobre o grupo. E você deve tomar muito cuidado com esses influenciadores. Eles são quem você gostaria? Aproxime-se de pessoas excelentes.**

Se você está com a energia baixa, desmotivado, triste, reclamando, a equipe vai ficar dessa maneira cedo ou tarde. Passar uma vibração ruim para a equipe é muito mais fácil do que transmitir uma energia boa. Lembrando que quando falo de energia ou vibração aqui, me refiro ao clima da pessoa ou da equipe, da motivação. Ninguém é de ferro, todas as pessoas têm seus altos e baixos, mas o líder precisa simular ou treinar esse tipo de coisa, até se isolar um pouco mais em um dia de estado desarmônico, com o objetivo de preservar a equipe, se concentrando em alguma atividade que exija máxima atenção sem muita interação com os demais. Isso será entendido pelas pessoas da sua equipe e é uma atitude estratégica.

Recomendo que o líder leve os seus problemas para onde ele tiver que levar. Que cuide disso individualmente, sem contaminar seu ambiente nem a sua equipe! Ele precisa que a energia da empresa seja sempre excelente porque, se não for, vai estragar um dia de trabalho. E isso é muito caro. **Você não pode deixar a empresa perder um dia de trabalho por conta do seu humor; isso é ineficiência a um alto custo. Se o empreendedor não cuidar da própria energia, ninguém vai.** Nenhuma equipe vai fazer isso. Então, ele tem que ter essa autopercepção, essa noção do impacto que causa.

Uma coisa é certa: acima de todos os problemas que podem ocorrer, o líder precisa ser empático, passar sempre um bom exemplo e ser aquilo que ele espera do seu time. Como falar de produtividade ou bons resultados se ele próprio não tem foco no objetivo e na performance? Chega a ser incoerente.

Gostaria de reforçar que ter uma energia boa na empresa, um ambiente agradável e feliz não significa que maus momentos não aconteçam, com situações de tensão e desacordos. Isso acontece e é natural que ocorra nas empresas maduras. O ponto que trago é que, por mais que tenhamos conversas e dias difíceis, precisamos entender o custo desses dias para a empresa como um todo, aprender com eles gerando treino e aprendizado e partir para a próxima. Deve existir luto ao não bater uma meta, mas um luto temporário.

Dado esse cenário da energia do empreendedor, a influência que ele tem sobre todos ao seu redor, vamos voltar a como *identificar a cultura*? É muito fácil. Simplesmente pare um dia, observe o que as pessoas fazem no cotidiano e tome nota de tudo: como conversam entre si, o jeito que falam com os clientes, com fornecedores ou quando acontece algo diferente dentro da empresa, uma situação de exceção. Neste momento, as pessoas se descabelam, sabem o que fazer, são compreensivas ou saem gritando? Em um dia movimentado de trabalho, o líder consegue perceber como as coisas realmente funcionam.

No dia seguinte, ou depois de quantos dias forem necessários, em vez de ficar no papel de alguém da equipe, faça a mesma coisa se passando por um cliente desinteressado e, em outra oportunidade, por um cliente superinteressado. Escute as ligações, estude os e-mails trocados; vá na outra ponta também e se passe por um fornecedor.

Depois que observar o movimento natural da equipe, vá conversar individualmente. Não pergunte em grupo, porque grupos formam uma nova mentalidade e uma pessoa influencia a outra. A ideia não é essa, mas, sim, extrair a verdade de cada um. Questione em conversas informais; não precisa fazer uma reunião para isso. Pergunte informalmente: "Roni, como você definiria, em uma frase, a maneira, o jeito de trabalhar que a gente tem aqui na empresa? Como você definiria, se você fosse contar para um familiar seu? Como é nosso 'jeitão' de trabalhar?". E anote tudo! Se necessário, explique qual é o motivo para a equipe, mas anote tudo. É dessa maneira que se identifica a cultura.

A cultura sempre existe. Isso é importante deixar explicado. Sempre existe cultura empresarial, por menor que seja a equipe; talvez você não tenha dado um nome para ela, mas ela está lá. E, uma vez que o líder consegue mapear essa cultura, que sabe o impacto que ela tem dentro da empresa, cabe a ele escolher o que vai querer fazer: se vai potencializar essa cultura que já existe ou se vai mitigar alguma coisa (diminuir a força desse movimento atual) e potencializar outra. É isso que você vai ter que escolher.

Uma vez que tem essa visão geral do todo e já definiu qual caminho seguir, saberá como agir no momento de estabelecer o sonho visionário, mantendo a cultura que você entende como sendo a mais favorável e adequada à sua realidade. Então, agora, escreva frases, no notebook ou em um caderno pessoal mesmo, que expressem qual é a cultura da sua empresa. Como a sua equipe interage entre si? Como fala com os clientes? Como negocia com os fornecedores? Como trata suas responsabilidades? Escreva de maneira bem simples, em um linguajar fácil de entender, nada muito sofisticado nem complexo. A ideia é qualquer pessoa entender.

Fechado! Então, essa é a visão geral sobre o que é a cultura, como identificá-la e um primeiro passo do que fazer com ela.

Como potencializar a cultura da empresa

O que fazer agora que você conseguiu identificar a cultura da empresa? Vejamos.

Primeiro ponto. Você precisa fazer uma reflexão: é essa cultura que eu quero manter? O que mais quero potencializar? O que desejo cortar de vez ou diminuir? O que preciso adicionar, que ainda não é da cultura da empresa, mas espero que faça parte dela?

Vamos imaginar que você idealizou adicionar na cultura algo que ainda não faz parte do dia a dia. Lembre que essa mudança precisa começar com você, que também terá que incorporar, mudar para fazer parte dessa cultura. Um exemplo: "Quero que minha equipe seja proativa, e isso é algo que não está identificado na cultura da empresa neste momento". Beleza? Temos como mudar isso? Sim. E depois teremos que fazer um plano de ação, ou seja, um passo a passo com atividades, responsáveis e prazos, para que a cultura seja voltada à proatividade. Ponto de atenção: para que seja uma cultura de proatividade, o empreendedor tem que ter essa cultura também dentro de si. Não adianta ele cobrar da equipe proatividade sem ser proativo.

Você, empreendedor, tem que entender isto: se quer mudar algo na empresa, precisa começar em você mesmo.

Gostaria de reforçar que ter uma **energia boa na empresa**, um ambiente agradável e feliz não significa que maus momentos não aconteçam, com situações de tensão e desacordos. Isso acontece e é natural que ocorra nas empresas maduras. [...] por mais que tenhamos conversas e dias difíceis, precisamos entender o custo desses dias para a empresa como um todo, **aprender com eles** gerando treino e aprendizado e partir para a próxima.

@oleomack

Segundo ponto. Como potencializar a cultura? Você precisa, de uma maneira intencional, falar dela para as pessoas, trazer essa cultura para a consciência. Então, para isso existem aqueles rituais, de segunda a sexta, as reuniões-minuto, as reuniões de equipe, os temas dos trimestres (T1, T2, T3, T4), renovar a energia a cada 92 dias. Esses são momentos ideais para reforçar pontos da cultura. Qualquer coisa que você queira falar sobre a cultura pode ser abordada nesses encontros. Ponto de atenção: tem que tomar cuidado para não ser o "chatão", falar toda hora disso.

Quer ver? Sabe quando uma mulher próxima a você está grávida e você começa a ver grávidas por todos os lados? Ou alguém compra um carro amarelo e você começa a ver carros amarelos por todos os lados? É porque aquilo não existia? Esteve lá o tempo todo, o que acontece é que agora você colocou sua atenção nisso e a hora em que se foca algo, aquele tema cresce, ganha relevância, expande. Então, expanda a sua cultura.

Por que entrei nesse tema? Porque, quando o empreendedor fala uma ou duas vezes da cultura, as pessoas começam a focar, a olhar para aquilo lá. Pense em coisas do dia a dia, como ser proativo: antes as pessoas até faziam, mas não estava evidenciado, não era consciente. A partir do momento que você fala e ativa a consciência, que coloca isso como um gatilho, aí sim aquilo começa a ser reforçado e vira uma espiral ascendente de cultura reforçando cultura. As pessoas percebem esse movimento e isso fica cada vez mais forte, ampliado e comentado entre todos.

Para ter uma cultura forte, é necessário que você fale dela, crie rituais, momentos para explicar e reforçar. E, claro, em atitudes do dia a dia. Exemplo: você fez uma negociação com o cliente, mas ele acabou pagando a mais. E, na cultura da sua empresa, é importante sempre fazer as coisas dentro do que é certo. Em uma reunião-minuto evolução, você pode aproveitar a ocasião e compartilhar esse ocorrido. Na frente de todos, você relata: "O cliente fez um pagamento de valor superior ao que devia e não faz parte da nossa cultura deixar isso assim. Algumas empresas até podem achar isso normal, mas não nós. Aqui nós fazemos o que é certo e isso está dentro da nossa cultura. Então, fizemos o estorno para esse cliente e que assim seja para todos os casos que aparecerem". Pronto! Passou uma mensagem superclara daquilo que funciona dentro da cultura.

Como mencionei, isso vira uma espiral ascendente, e as pessoas continuam fazendo. E o mesmo acontece com a cultura de coisas que não são boas. É a mesma teoria e prática.

Quer potencializar ainda mais essa questão da cultura? Agora que está escrito no papel, com todo esse contexto que eu dei, você precisará falar sobre essa cultura no dia a dia e usá-la nos rituais que tem dentro da empresa. Como tratamos na cadência, é colocar a cultura no meio daqueles momentos criados para manter a disciplina e o ritmo da empresa: nas metas, nos temas e na comemoração do trimestre. Você vai ver como repercute nas pessoas e muda o ecossistema, todo o ambiente da empresa.

Trazendo gente para a equipe

Nosso próximo passo é trazer as pessoas com sucesso. Como fazer isso? Primeiro: precisamos entender que existem algumas *crenças falsas* a respeito de recrutamento e seleção, a partir do processo de montagem de uma equipe.

Uma primeira crença falsa é aquela que diz: "não existem pessoas que querem trabalhar na minha empresa". Não é verdade, sempre há alguém querendo trabalhar, por mais escasso que pareça estar o mercado. Por quê? Porque, se você é empreendedor e tem uma empresa que resolve determinado problema, tal como aquelas pessoas que estão comprando o produto ou serviço, haverá gente disposta a trabalhar. Os milhões de desempregados deste país procuram boas oportunidades e você está proporcionando essa possibilidade. Existe uma demanda, é uma questão de oferta e procura.

A segunda crença falsa, muito ligada àquilo que falamos nos capítulos anteriores, é a percepção de que existe este cenário: empresa contra equipe, o dito "patrão" contra os empregados. Isso precisa desaparecer! Deve ser exterminado! Essa ideia de empresa contra a equipe tem que se extinguir da face da Terra! Todos nós estamos atrás de um objetivo em comum: servir as pessoas. E cada um vai servir de acordo com aquilo que tem como responsabilidade, aptidão, capacidade, recursos e riscos que pretende correr. É isso.

Os empreendedores nem sempre são os que detêm mais recursos financeiros. Muitas vezes, para conseguirem esses recursos para abrir o próprio negócio, precisaram pedir empréstimos, vender ou hipote-car alguns de seus bens, conquistados anteriormente com empregos fixos, resultado de períodos de trabalho mais intenso, no qual podem ter abdicado de tempo com seus familiares (e, claro, em alguns casos, seus familiares podem tê-los ajudado a encurtar esse caminho, apoian-do-o de alguma maneira, inclusive financeiramente). O ponto aqui é que alguém, em algum momento, precisou arriscar, teve que abrir mão de algo com a expectativa de que conseguiria transformar sua vida e mudar a sociedade para melhor, mesmo que isso seja menos provável e incerto.

No entanto, as pessoas que optaram por correr menos risco e estão trabalhando ali dentro da empresa querem servir à sociedade, a si mes-mas e a seus familiares. Enfim, todos temos o objetivo em comum de servir e estamos juntos nessa.

O que liga você, empreendedor à equipe, o que todos nós temos em comum é que todos queremos servir ao cliente. Porque é o cliente que vai dizer o que temos que fazer e é o mercado que vai nos dizer se o serviço está bom ou se está ruim. Se está ruim, todos saem perdendo; se está excelente, todos ganham. Portanto, nós que somos empreendedo-res devemos sempre cumprir com os combinados que fazemos com nos-sas equipes. Se a empresa está prosperando, a equipe deve prosperar.

Processo seletivo: como construir

Primeiro ponto de atenção: *o empreendedor precisa saber o que ele quer*. Se você tem uma loja, do que precisa? De uma pessoa para ven-der, para ficar no caixa ou alguém que faça as duas coisas? Neste mo-mento, desapegue de cargo, de salário, de tudo, e pense naquilo de que realmente necessita. O que você precisa refletir é: o que eu pre-ciso resolver dentro da minha empresa e em que uma pessoa poderia me ajudar? Sente-se e escreva em um papel o que precisa, liste todas as tarefas.

Agora, baseado no que você precisa, o segundo passo é conseguir *encaixar essa lista de tarefas em alguma atividade já conhecida no mer-cado*. Por exemplo, se você fala assim: "Eu preciso vender mais", precisa de alguém que vá atrás de fazer isso. Bom, um papel conhecido para quem vai atrás de vender é o de vendedor, a equipe de vendas. Já existe isso, já está estabelecido no mercado, não é nada novo. Portanto, você precisa trazer um vendedor. Agora, também é possível o empreendedor acabar por entender que ele vai ter que criar alguma posição ou mesclar duas delas. E tudo bem, não tem problema.

O terceiro passo é fazer uma *pesquisa de mercado* para saber quais são as empresas que têm esse cargo, e qual é o salário pago. É muito fácil acessar essa informação com uma pesquisa simples na internet. Há sites especializados em divulgar posições e salários, como Glassdoor, Vagas.com e o próprio LinkedIn. Muitas vezes, você visualiza esses anúncios e neles já estão divulgados o valor do salário e a descrição completa da vaga. O Sebrae[47] também apresenta um conteúdo interessante, orientando sobre as contratações. Então, não é desculpa dizer que não sabe qual é o salário. Sente e pesquise: você vai encontrar.

Uma vez que encontrou o salário daquela função no mercado, você vai ter que analisar se vai conseguir pagar aquele valor. Vai precisar colocar dentro do orçamento, de acordo com as projeções financeiras, assunto do qual tratamos no Capítulo 7.

Agora que você sabe o que quer, conseguiu encontrar a posição no mercado, conhece o valor, a nomenclatura da função que busca, precisa fazer um anúncio de vaga, um *descritivo*, que será o nosso quarto passo.

Esse descritivo tem que ser muito bem-feito, porque será a primeira comunicação com a pessoa que você venha a contratar. Sabe aquela máxima de que a primeira impressão é a que fica? O anúncio da vaga já é essa primeira impressão da empresa e mostra muito sobre a cultura que vocês adotam. Lembra as anotações de cultura que fizemos anteriormente? Aproveite para adicionar no anúncio da vaga um pouco sobre essa cultura. Qual é a primeira impressão que você, empreendedor, quer passar?

É essencial deixar muito bem explicados os seguintes tópicos na descrição da vaga:

- O que é a empresa, de maneira sucinta.
- O que o candidato vai precisar fazer naquela posição, de maneira resumida também (em uma frase).

47 CONHEÇA os processos de contratação de funcionários. **Portal Sebrae**, 19 fev. 2020. Disponível em: https://www.sebrae.com.br/sites/PortalSebrae/sebraeaz/conheca-os-processos-de-contratacao-de-funcionarios,439edebe9cd50710VgnVCM1000004c00210aRCRD. Acesso em: 31 jan. 2023.

- Quais são os requisitos daquela vaga (necessidades técnicas, perfil, conhecimentos gerais etc.).
- Diferenciais da vaga.
- A oferta: o salário (precisa colocar).
- Benefícios.
- A forma para se inscrever ou entrar em contato.

TENHA AGORA UM MODELO DE ANÚNCIO DE VAGA

Exatamente agora você pode estar pensando: "Léo, não quero mostrar o salário porque meus concorrentes vão ver". Olha, em cinco minutos, qualquer pessoa consegue descobrir o salário da sua empresa. Como você viu anteriormente, os salários estão disponíveis em diversos locais on-line e, inclusive, é a própria equipe que fornece esse tipo de informação para os sites. Outro argumento que escuto muito é: "Mas a minha equipe vai ficar sabendo dos salários uns dos outros e vão querer pedir aumento". Escute o que vou falar: todos eles conversam e sabem o salário um do outro. A sua preocupação como empreendedor é conseguir proporcionar melhores condições de trabalho à equipe, e não ficar perdendo tempo com pormenores como esse. Desculpe a sinceridade.

Quando você anuncia na vaga o salário, já está transmitindo uma ótima mensagem para as pessoas que vão se candidatar: a transparência nas informações. Não está convencido? Então, posso afirmar que, não colocando o salário, você provavelmente vai desperdiçar seu tempo e o das pessoas entrevistadas conversando com candidatos pouco qualificados para o trabalho ou muito qualificados cujo salário você não pode pagar. Quem está empreendendo não tem tempo sobrando para ficar jogando conversa fora, não é mesmo? Economize esse tempo e reduza esse custo.

Como se preparar, antes de anunciar a vaga

Uma recomendação importante: antes de sair anunciando a vaga, você já tem que ter uma boa parte das coisas prontas, senão vai precisar ficar parando para resolver as pendências em cima da hora, o que atrapalha o processo. Sugiro que pare e pense: "Ah, vou trazer uma pessoa para a empresa, mas, antes de ela chegar, o que eu preciso definir e deixar pronto para que esse profissional possa chegar aqui no dia combinado e já estar tudo certinho para começar a trabalhar?".

Faça o seguinte:

- Formule todas as *perguntas (técnicas) da entrevista*, de acordo com a função, e deixe-as separadas e talvez impressas (se assim for mais fácil). Se houver algum *exercício ou tarefa* para testar conhecimento específico, prepare-os. O empreendedor também precisa *estruturar o processo de entrevista*, dividindo-o em pelo menos duas etapas e com a participação de outros membros da equipe. Vou explicar melhor logo à frente.
- Defina o *momento ideal para a entrada desse colaborador*. E nem sempre é dizer: "Pode começar a trabalhar amanhã". Não. Isso não funciona porque na contabilidade costuma dar problema. Normalmente, esse ingresso ocorre uma semana depois da seleção do candidato. Também é importante levar em conta se as pessoas necessitam cumprir um período antes do desligamento da outra empresa. Depois de toda essa análise, define-se o dia em que a pessoa pode começar. Normalmente aquelas empresas em que falam "pode começar amanhã" são desorganizadas e amadoras.
- Verifique o *processo de integração* desse novo colaborador. O que chamamos de boas-vindas ou *onboarding* precisa ter sido planejado anteriormente e estar pronto. No *onboarding*, é importante que os equipamentos e móveis (mesa, cadeira etc.) que esse colaborador utilizará estejam corretos, instalados e funcionando. Pode existir algum tipo de kit de boas-vindas aos novos integrantes, por exemplo: *squeeze* (garrafa de água), *mouse pad* (apoio do mouse), camisetas, uniforme, crachá de identificação e outros itens. É um momento interessante para reforçar a cultura da empresa, presenteando o novo colaborador com objetos que a representem, como bottons para fixar no crachá, cordões de crachás com a marca estampada (conheço empresas que inserem os seus valores nesses itens). Que tudo esteja pronto para quando a pessoa chegar, de modo que seja uma boa recepção e cause uma ótima primeira impressão. Em empresas menores, a integração também pode acontecer de maneira mais informal, levando a pessoa para conhecer o prédio, as diferentes salas e setores, bem como seus colegas de trabalho, que também terão a possibilidade de dar as boas-vindas, o que costuma facilitar a integração dos entrantes.

[...] o **empreendedor** precisa saber o que ele quer. Se você tem uma loja, do que precisa? De uma pessoa para vender, para ficar no caixa ou alguém que faça as duas coisas? Neste momento, desapegue de cargo, de salário, de tudo, e pense naquilo de que realmente necessita. O que você precisa refletir é: o que eu preciso resolver dentro da minha empresa e em que uma pessoa poderia me ajudar?

@oleomack

- O *treinamento inicial* desse novo colaborador, de uma ou duas semanas, já tem que estar pronto. Não precisa durar meses. Como montar um treinamento? Comece por um checklist das tarefas que a pessoa vai cumprir e tire um tempo para mostrar como faz. Divida isso em dias e pronto. No começo, você mesmo conduzirá o treinamento, mas, com o passar do tempo, preparará a equipe para isso. É importante saber que as pessoas que farão esse treinamento devem ser as melhores da equipe, porque esse novo integrante vai se espelhar nelas. Imagine se você designa uma pessoa de baixa performance para treinar os novatos? O desastre está feito.
- Deixe tudo certo com a *contabilidade*, para poder receber o novo integrante.

Como anunciar as vagas

Uma vez que tenha todas as informações organizadas, você já pode anunciar a vaga. E saiba que para cada tipo de plataforma é necessário um jeito de anúncio. Exemplo: quando falamos em empresas de tecnologia (como aquelas nas que atuei por boa parte da carreira), fazer um anúncio no LinkedIn é muito mais eficiente do que no jornal. Quando eu tinha loja física, recebia com frequência muitos currículos impressos, que as pessoas deixavam lá. É outra maneira de receber candidaturas. Cada empreendedor tem que descobrir qual é o jeito de fazer o melhor anúncio para sua empresa, de acordo com seu segmento.

Algumas recomendações:

- **Cuidado ao pedir indicações.** Pedir indicações para seus amigos e familiares pode parecer um facilitador para fechar a vaga, mas o que ocorre muitas vezes, e é nessa armadilha que você não pode cair, é ficar refém dessas indicações para não se queimar com quem indicou. Além disso, inconscientemente, nós tendemos a julgar diferente as pessoas que vieram por indicação. Então temos que tomar muito cuidado ao pedir indicações. O que você vai pedir para o seu amigo ou familiar é: "Divulgue essa vaga para mim, por favor!".

- Fique atento ao *local onde a pessoa vai fazer a inscrição*. Você não pode direcionar os candidatos para um e-mail que não existe ou que ninguém abre. Parece evidente, mas já vi acontecer.
- Assim que começar a receber os currículos, providencie o *agendamento das entrevistas*.

Agendamento das entrevistas

É aqui que a maioria dos empreendedores erra. Por quê? Porque a maioria acaba entrevistando duas pessoas e pronto. Ou pede indicação de uma pessoa e já a chama para trabalhar. Isso não basta, e é muito desfavorável; prego que o empreendedor precisa de uma amostra grande de candidatos excelentes no processo seletivo. Você não necessita de *uma* pessoa excelente para avaliar, mas sim de uma quantidade grande que possa conhecer e com quem conversar.

Nesses contatos, você vai aprender muito sobre como estão as coisas no mercado, poderá conhecer uma outra habilidade que esteja em evidência, uma outra visão que você não tinha, que pode ser melhor para a performance da empresa do que aquela que você estava em busca, e isso só será possível conversando com muita gente.

A sua agenda tem que ser exatamente como está na tabela a seguir, um processo seletivo de duas fases. Este modelo já foi testado e aprovado. Na Semana 1, você vai fazer oito entrevistas por dia: oito entrevistas na segunda, oito entrevistas na terça, oito entrevistas na quarta, oito entrevistas na quinta e na sexta você resolve outras questões da empresa. E, sim, você tem que fazer isso. É relevante lembrar que cada um que entra na sua empresa poderá colaborar ou destruir toda a cultura que você desenvolveu, então, é de importância máxima empenhar-se no momento de escolha de seus futuros integrantes.

SEMANA 1 (FASE 1) – ENTREVISTAS				
SEGUNDA	TERÇA	QUARTA	QUINTA	SEXTA
8 entrevistas	8 entrevistas	8 entrevistas	8 entrevistas	PAUSA

@oleomack

Na Semana 2, a fase final, você vai fazer quatro entrevistas na segunda, quatro entrevistas na terça, quatro entrevistas na quarta e quatro entrevistas na quinta. Na sexta, você já consegue decidir quem é a pessoa selecionada. O objetivo é terminar a semana com pelo menos três excelentes pessoas para você olhar e falar assim: "Caramba, se eu tivesse a oportunidade de três posições, eu traria essas três pessoas". Você tem que ter esse sentimento. Haverá três pessoas ali e você terá que escolher apenas uma.

SEMANA 2 (FASE 2 – FINAL) – ENTREVISTAS E DECISÃO				
SEGUNDA	TERÇA	QUARTA	QUINTA	SEXTA
4 entrevistas	4 entrevistas	4 entrevistas	4 entrevistas	DECISÃO

@oleomack

Os candidatos conversarão com você em pelo menos dois momentos distintos, em dois dias diferentes. Isso é muito importante, porque as pessoas mudam: um dia estão de um jeito, no outro dia estão de outro e você acaba descobrindo competências diferentes.

Laszlo Bock[48] nos mostra as dicas do Google para contratar as melhores pessoas:

1. Não acelere o processo.
2. Selecione alguém que seja melhor que você em alguma área importante.
3. Não permita que os gestores tomem a decisão na hora de contratar novos membros para a equipe.

Ou seja, não são os gestores que tomam as decisões sozinhos na contratação. O que isso significa para nós? Significa que, se o processo vai ser dividido em duas fases, na fase 1 é possível fazer a entrevista sozinho e conhecer o candidato. Na fase 2, vai trazer a pessoa para uma nova entrevista, mas é obrigatório que tenha mais alguém da equipe para participar do processo. Por quê? Porque aquela pessoa que está se candidatando a entrar na equipe vai precisar conviver com você, mas também com aqueles que já estão no time. E é necessário ter outros que

---

48 Adaptado de BOCK, Laszlo. **Um novo jeito de trabalhar**: ideias do Google que vão transformar sua maneira de viver e liderar. Rio de Janeiro: Sextante, 2015. p. 70, 102.

tenham dito sim para o candidato, porque, na hora de ele entrar, vai precisar de ajuda e de suas aprovações, mesmo que informais.

É necessário, sim, chamar as pessoas que estão na equipe hoje para o processo seletivo, fazer com que elas participem desse trâmite, para que também comprem essa ideia de trazer alguém e façam parte da decisão da escolha. Dessa maneira, a integração é muito melhor, muito melhor mesmo. Assim, você vai evitar falas do tipo: "O gestor escolheu esta pessoa e ela é incompetente. Não aguento mais trabalhar com ela". Não. Todo mundo a escolheu. Então, todos estarão empenhados em desenvolvê-la em todas as situações. A nova pessoa na equipe vai cometer erros, sem sombra de dúvida. Quando isso acontecer, você vai querer que todos a ajudem.

Seguem as *etapas do processo seletivo*:

Primeira fase: triagem dos currículos, entrevista por telefone ou videochamada, na qual se avalia a capacidade cognitiva e os conhecimentos gerais da pessoa candidata.

Segunda fase: entrevista presencial com o líder, com seus pares, com os membros da mesma equipe. Depois, você faz a compilação dos feedbacks e consegue ter a "sabedoria das multidões", o que ajuda na integração. O comitê revisa todas as informações e percepções e pode haver mais uma última entrevista, com você, já pronto para definir o candidato selecionado.

Tom DeMarco[49] ilustra bem um ponto que quero trazer para reflexão. Trata-se de uma entrevista entre o gerente de um circo e o candidato a malabarista:

> Gerente do circo: Há quanto tempo você é malabarista?
> Candidato: Há cerca de seis anos.
> Gerente: Você pode segurar essas três bolas, quatro bolas e cinco bolas?
> Candidato: Sim, sim e sim.
> Gerente: Você trabalha com objetos em chamas?
> Candidato: Certamente.
> Gerente: Facas, machados, caixas abertas e charutos, chapéus-coco?
> Candidato: Eu posso fazer malabarismos com tudo.
> Gerente: Você faz algum monólogo engraçado com o malabarismo?

---

49 DEMARCO, Tom; LISTER, Timothy. **Peopleware**: como gerenciar equipes e projetos tornando-os mais produtivos. São Paulo: Makron Books, 1990. p. 115.

Candidato: Faço e é hilário.

Gerente: Bem, parece interessante. Acho que você está contratado.

Candidato: Humm... Você não quer me ver fazendo malabarismos?

Gerente: Poxa, eu não pensei nisso.

Chega a ser cômica uma situação dessas, mas é mais comum do que se imagina. No processo seletivo, as empresas fazem exatamente isso. Elas só conversam e não veem aquilo que a pessoa sabe fazer, não olham o portfólio, não criam uma atividade para ela executar, para que possa mostrar como desenvolve as tarefas, como pensa, age e constrói as coisas; não consegue mostrar o jeitão como ela trabalha.

Então, essa última fase do processo, a segunda, é um momento de que gosto muito porque é uma etapa de apresentar o trabalho. O empreendedor precisa criar alguma atividade, seja possibilitando que o candidato passe um pequeno período dentro da empresa, seja pesquisando, apresentando, fazendo uma imersão na organização ou propondo outro formato, de acordo com o perfil da função. Ele tem que pensar em uma maneira de evitar que ocorra exatamente o que aconteceu no caso do gerente que nem pediu para o malabarista fazer os malabares.

Seja criativo e peça aos candidatos que apresentem algo, que façam o malabarismo. **Seja um empreendedor ou uma empreendedora profissional: não faça testes inúteis ou pegadinhas. Seja profissional nos testes e extraia realmente aquilo que empresa e equipe precisam da pessoa candidata, sempre com o máximo de respeito.**

Fazendo as entrevistas

Primeiro passo: você já organizou todo o material com as perguntas mais adequadas (tecnicamente falando), listou o que precisa saber sobre o candidato, definiu quais são as atividades necessárias para aplicar no encontro. E, uma vez que tenha tudo ordenado previamente, a conversa poderá ser mais focada e eficiente.

O que não pode ter em uma entrevista: perguntas de "pegadinha" ou brincadeiras de qualquer maneira (isso nunca foi profissional).

Aquilo a que você não souber responder, admita para o candidato: "Não sei responder, mas vou verificar" ou "Não tenho conhecimento sobre essa questão e posso informar depois". E fique aberto para qualquer tipo de pergunta da pessoa, o que ela quiser saber sobre sua equipe, a área, a empresa, o que ela vai fazer; tudo. Ela tem que ficar muito à vontade com isso.

Ponto importante: perguntas de entrevista são sempre do passado da pessoa e sobre aquilo que ela já fez, e não o que ela faria. Sabemos, por estudos,[50] que o que ela faria envolve a utilização de outra área do cérebro, a da criação. Parece complexo, mas na prática é assim: não é o que a pessoa faria em alguma situação hipotética que é importante, porque aquilo que já fez é o que ela realmente faz. O que alguém *já* manifestou na trajetória é o que ele realmente é.

E qual é o objetivo dessa primeira entrevista? O objetivo principal é você conseguir identificar no que a pessoa é muito boa e o que gosta mais de fazer. Só isso. Como você pode chegar nessa informação? Na verdade, você sempre tem que fazer isso com todos, exercitar essa visão mais profunda sobre os que te rodeiam. Mas neste momento você precisa descobrir o que o candidato ama fazer, qual é a vocação dele.

Vocação[51] se conecta originalmente à ideia de *chamado* e entendo que seria muito importante retomarmos esse sentido inicial, pois é disso que tratamos aqui. Quando a pessoa segue sua vocação, é como se ouvisse e atendesse esse chamado da própria personalidade, praticando aquilo em que realmente é boa e que se mostra mais favorável para seu estilo de vida, suas crenças, seus valores. Anteriormente vimos o estudo de Clifton, que nos trouxe que praticamente 70% das pessoas não trabalham utilizando e focando energia nos seus pontos fortes; logo, estão frustradas com o trabalho e se envolvem até seis vezes menos com as atividades do dia a dia profissional. Descubra os pontos fortes dos candidatos e coloque-os para trabalhar nas oportunidades em que poderão utilizá-los.

Então, o objetivo da primeira etapa é descobrir qual é a vocação da pessoa, qual é o objetivo de vida, a sua missão de vida, o que mais adora fazer. Só que não é muito fácil descobrir isso, porque muitos nem sabem.

---

50 REDE DE neurônios é responsável pela imaginação, diz estudo. **Veja**, 17 set. 2013. Disponível em: https://veja.abril.com.br/ciencia/rede-de-neuronios-e-responsavel-pela-imaginacao-diz-estudo/. Acesso em: 19 fev. 2023.

51 VESCHI, Benjamin. **Etimologia**: origem do conceito, 2020. Página intermediária. Disponível em: https://etimologia.com.br/vocacao/. Acesso em: 21 fev. 2023.

Portanto, vou compartilhar uma técnica para conseguir descobrir qual é a vocação de alguém, ou algo próximo disso. Você vai perguntar o seguinte: "Nessas atividades anteriores suas, pelo menos nos últimos cinco anos, independentemente daquilo que você era responsável por fazer, quais foram as melhores empresas pelas quais você passou, por que elas foram as melhores e o que você fazia nelas que adorava, que te fazia chegar de manhã e mal ver a hora passar?". Essa é uma excelente pergunta porque a pessoa vai falar aquilo que ela curtia muito, o que se sentia feliz fazendo. E é isso; se o que ela disser coincidir com aquilo de que você precisa, será sensacional. Significa que ela estará fazendo algo com prazer e possivelmente de maneira eficiente, e, se ela ainda não for eficiente nisso, estudará com afinco para se desenvolver.

Durante toda a nossa vida, o que acontece com o processo de educação, de ensino? Como comentamos antes, nós fomos educados para estudar diversas disciplinas, para que tivéssemos a capacidade de entrar em uma faculdade. E, para entrar em uma faculdade, tínhamos que ser bons em tudo. Se tirássemos zero em uma matéria, por exemplo, não passaríamos de ano e não entraríamos na faculdade. E ainda seguimos o mesmo modelo.

Nós temos que ser bons em tudo, portanto. Só que, quando tentamos fazer isso, acabamos sendo medianos em tudo. Don Clifton[52] explica bem esse ponto. Basicamente, ele defende a ideia de que não fomos estimulados a focar nossos *pontos fortes*. Eu acredito muito nisso e vejo na prática dos negócios.

É por isso que temos que descobrir qual é o ponto forte de um candidato, o que ele gosta muito de fazer, qual é sua missão. Assim, é possível saber em que ponto ele vai poder contribuir mais na empresa. Vou dar um exemplo: já tive uma pessoa no meu time que trabalhava muito bem com os outros; inclusive, era líder da área. Ela era excelente na parte de liderança, treinamento e processo seletivo, sensacional mesmo. Só que a gente trabalhava de maneira remota e ela tinha muita dificuldade com tecnologia. Às vezes, ia fazer uma apresentação e acontecia algo errado. Mas era muito boa com a equipe, lidou com casos dificílimos, com questões muito complexas.

---

52 CLIFTON, Don; RATH, Tom. **Descubra seus pontos fortes 2.0**. Rio de Janeiro: Sextante, 2019.

Posso ensinar uma vez, duas vezes, mas eu não preciso ficar reforçando essa questão de que ela não consegue fazer determinadas atividades no computador. Cabe a mim, como líder, encontrar alguém que saiba fazer e colocar com ela. Pronto! Está resolvido o problema. Eu tenho que entender isso e potencializar seus pontos fortes, dar oportunidades para que possa lidar com pessoas, o que ela ama. E, quando tiver que fazer apresentações no computador ou outra tarefa que envolva tecnologia, outra pessoa pode assumir.

Boas-vindas

Falamos sobre como se preparar previamente para essa fase de seleção, agendar as entrevistas e selecionar as melhores pessoas. Ao final do processo, chegou o momento de recepcionar o novo integrante.

Cada empresa deve ter um processo de boas-vindas específico, porque, afinal, a cultura deverá estar o tempo todo sendo reforçada aqui. Vou listar algumas atividades comuns entre os processos de *onboarding* para que você possa adicionar ao seu, de acordo com sua cultura empresarial.

- Ao iniciar o *onboarding*, é comum entregar um kit de boas-vindas (que pode ser algo simples).
- Na sequência se iniciam treinamentos sobre a empresa e a cultura nos quais são mencionadas boas práticas.
- Então, a nova pessoa é apresentada a todos os membros da equipe da qual ela fará parte.
- Seguem-se treinamentos de como se portar com o cliente e quais serão suas responsabilidades de maneira detalhada.
- Por último, o processo de *onboarding* é finalizado, deixando o novo integrante com o líder da sua equipe.

Esse procedimento deverá levar no máximo uma semana.

Manter com sucesso as pessoas

Então, demos uma visão geral e trouxemos com sucesso os novos colaboradores! Fechou. Agora, não adianta trazermos as pessoas e não as mantermos na empresa. Vamos então detalhar essa segunda etapa, começando por relembrar alguns pontos.

Coisas de que você já sabe

1. Imprevistos que não são imprevistos

Desde o primeiro dia que alguém começa na sua empresa, você já sabe muita coisa, ou já deveria saber. Uma delas é que um dia essa pessoa vai sair, seja por desligamento, voluntário ou involuntário, seja por aposentadoria, seja por falecimento. Isso não deveria ser novidade para ninguém, porque, se você parar para pensar, é inevitável. E você precisa se preparar para isso. Além disso, já sabe também que vai ter o 13º salário, os 40% de multa de FGTS em casos de desligamento por parte da empresa, um terço adicional de férias e, claro, as próprias férias. Nada disso que mencionei é imprevisto; aliás, é tudo muito previsível. Portanto, é necessário fazer a provisão, o que foi aprofundado no Capítulo 7.

2. Tempo médio na empresa

Você tem que ter noção do tempo médio que uma pessoa fica em uma empresa de acordo com o segmento.[53] Isso é muito importante. Por exemplo, vendedores de shopping acabam ficando pouco tempo nas lojas e trocam de emprego com muita facilidade; para vagas temporárias, então, é menor ainda o período; já em outros segmentos, como pedagogia, os professores e profissionais de ensino ficam pelo menos um ano letivo completo. Descubra o tempo médio do segmento da sua equipe. Pesquise, estude, dê um jeito de conseguir essa informação seja pesquisando na internet, no Sebrae, seja conversando com outros empreendedores. Vou explicar por que saber essa informação é importante para sua empresa.

Imagine que, no nosso exemplo, os profissionais do segmento da área de atendimento ao cliente fiquem em média treze meses nas empresas. Parece razoável, não? Vamos supor que na sua empresa as pessoas sejam contratadas e levem três meses para serem treinadas por completo e que então comecem a trabalhar com eficiência. Então, se na média as pessoas ficam treze meses, menos três de treinamento, menos um de férias, menos um de aviso prévio – que é aquele período da rescisão de quando ela pede desligamento –, e somando mais um

53 PRATER, Meg. The biggest threat to sales teams in 2021 isn't losing clients. **HubSpot**, 2021. Disponível em: https://blog.hubspot.com/sales/how-to-manage-a-high-performing-sales-team. Acesso em: 22 fev. 2023.

de custo que é o 13º salário e mais um terço de valor pago adicional para as férias, chegamos à conclusão de que, dos treze meses que a pessoa ficou na empresa, pagamos pouco mais de catorze meses e ela de fato trabalhou com performance por volta de oito. Percebe a importância de saber o tempo médio?

Mas o que fazer com essa informação? Ela vai direcionar você para saber o quão eficiente deve ser seu processo seletivo e processo de boas-vindas das novas pessoas na sua equipe. É óbvio que nós, empreendedores, sempre queremos que as pessoas fiquem o máximo de tempo na nossa empresa, que façam uma excelente trajetória de carreira e que se realizem profissional e pessoalmente. Queremos muito isso, mas o que temos que recordar é que vivemos em um ambiente em que existem inúmeras variáveis incontroláveis. Sabe lá Deus a proposta que a esposa do melhor coordenador da sua equipe vai receber da empresa em que ela trabalha; vai que ela recebe uma proposta imperdível para trabalhar em outra cidade e eles decidem se mudar? E se alguém adoece de modo muito grave e também precisa se desligar da empresa? São tantas possibilidades que o que temos que saber é que devemos estar preparados como empresa para gerir esses casos, aumentando a eficiência e previsibilidade.

3. Salários

Outro ponto importante: sempre haverá alguma empresa que oferecerá melhores salários e benefícios do que a nossa. Sempre. Não falo isso para te desencorajar nem dizer que você deve abaixar os salários. O que acontece é que existem níveis em que as empresas estão. Ou você acha que as pessoas que entram na Petrobras, Itaú, Embraer, Microsoft, Facebook, Google, que pagam ótimos salários e benefícios, não saem de lá? Claro que saem![54] Até nas grandes empresas de tecnologia, referência em comodidades para seus colaboradores, como trabalho remoto, semana de quatro dias e mais, você se espantaria ao saber que as pessoas ficam em média pouco mais de um ano e meio. O que precisamos entender é que essas grandes empresas normalmente competem entre si com salários, além de um pouco com as empresas

---

54 QUANTO tempo um funcionário permanece nas 10 maiores empresas de tecnologia. **Época Negócios**, 31 jan. 2018. Disponível em: https://epocanegocios.globo.com/Carreira/noticia/2018/01/quanto-tempo-um-funcionario-permanece-nas-10-maiores-empresas-de-tecnologia.html. Acesso em: 20 jul. 2023.

em um estágio anterior. Então, quem está no Google tem salários compatíveis com quem vai para Microsoft e vice-versa. Da mesma maneira que ocorre com as empresas maiores, acontece com as nossas empresas que estão em estágios anteriores.

Sempre haverá alguma empresa que vai pagar mais. O que nós temos que estar atentos é se os salários da nossa estão compatíveis com os das empresas que estão no mesmo estágio que a nossa. Mas você pode me perguntar: "Léo, se sempre tem alguém que paga mais, como competir?". Fica evidente que o salário é importante, mas também outros aspectos da empresa contam muito. Vou explicar.

Compreenda que o perfil das pessoas que buscam trabalho também muda de acordo com o estágio em que as empresas estão. Veja, por exemplo, uma pessoa que tem o perfil de querer construir algo do zero dificilmente vai querer entrar em uma grande empresa já estabelecida, por mais que ela pague um excelente salário. Essa pessoa vai se sentir presa a processos burocráticos que os outros já construíram; seu sentimento de pertencimento será baixo. Então, ela entra na pequena empresa, cheia de oportunidades para quem quer construir projetos desde o zero, deixar seu legado e se tornar uma grande líder e até sócia. Essa pessoa trabalharia com maior satisfação na empresa que proporciona essa oportunidade, mesmo com salários compatíveis com empresas pequenas. Percebe?

O que não pode acontecer? A empresa se comportar como uma grande empresa, exigir como uma grande empresa, colocar uma máscara de grande empresa e não recompensar a equipe dessa mesma maneira. Algo está errado.

Dado todo esse contexto, esse cenário, o que você, empreendedor, precisa aprender? Que os processos seletivo e de treinamento devem ser contínuos. E são processos nos quais a empresa tem que ser muito boa. A empresa não pode ser amadora no processo de recrutamento e seleção. Por quê? Porque, como falei, as pessoas vão sair, cedo ou tarde, e isso não é imprevisto. "Nossa! Fulano saiu! Acabou a empresa!" Isso jamais! Afinal, já falei anteriormente que todo mundo vai sair um dia; podemos não querer e fazer de tudo para postergar esse momento, mas vai acontecer.

A sua empresa tem que ser excelente em recrutamento e seleção, treinamento e execução do plano de crescimento profissional sobre o qual falaremos mais adiante. Se o empreendedor conseguir montar uma fórmula, um jeito de atrair as pessoas, treinar e fazer com que elas fiquem cada vez mais tempo, terá uma máquina que funciona sempre, que estará sempre rodando e aprendendo. As pessoas virão, vão trabalhar um bom tempo, sairão e entrarão outras, que trabalharão por um bom tempo. Se tudo der certo esse tempo vai aumentando, mas elas sairão também. E isso é contínuo, não pode ser esporádico. Então, você sempre, sempre, sempre tem que estar contratando, fazendo entrevistas, promovendo esse movimento.

Outro ponto positivo nos pequenos negócios é o vínculo entre as pessoas, que é mais forte e próximo, podendo chegar a amizades mais profundas, que extrapolam os limites da própria empresa. Existem pessoas que ficam cada vez mais e mais dentro de suas empresas porque a equipe é unida.

E o sonho visionário de fazer algo grandioso e desafiador que você tem? Essa é a hora, no recrutamento e seleção, além de no dia a dia, de fazer brilharem os olhos das pessoas que vão entrar na sua empresa e das que já estão lá. E tem que estar sempre compartilhando esse sonho, sempre falando para onde estão indo, tem que estar sempre com essa comunicação com a equipe. Na cadência, essa comunicação é muito importante, porque vai reforçando a imagem do sonho, que está sendo construído por todos!

Comunicação coesa e certa

Como manter uma comunicação coesa e certa? Recomendo manter constantemente uma *conversa um a um*, que deve acontecer quinzenalmente, com cada pessoa da equipe imediata.

Conversas um a um são encontros de uma hora entre líder e liderado apenas, durante os quais você vai dizer: "Estou aqui com você para saber como você está, o que está achando das suas metas, se tem alguma dificuldade e como eu posso te ajudar". É também um momento para falar de carreira, comentar os acontecimentos pessoais, claro que dentro do nível de afinidade que você tem com cada um. Lembrar aquilo em que a pessoa pode melhorar é necessário, mas, acima de tudo, você deve também trazer o que ela está fazendo muito bem. No começo essas conversas podem não fluir tanto, mas, depois da terceira ou quarta vez que fizer com a mesma pessoa, vai perceber como desenrola – vou deixar aqui um guia para te ajudar nas conversas um a um com exemplos de roteiro.

Uma das maiores reclamações que ouço das equipes é que seu líder não dá autonomia suficiente para fazer o trabalho, ou também o extremo oposto disso, que dá autonomia demais e que os colaboradores se sentem largados, cheios de inseguranças sobre o que podem ou não fazer. O dia a dia vai passando e esses sentimentos vão se acumulando.

Eu gosto muito de utilizar uma técnica que ajuda a solucionar esses dois problemas, usando o diagrama de Tannenbaum e Schmidt,[55] que mostra qual é o *nível de autonomia* que a pessoa quer. Como você vai fazer? Sente-se com o colaborador da sua equipe, explique que você pretende melhorar a comunicação com ele e ajustar a autonomia. Mostre para ele este diagrama e explique o que significa. Em seguida, pergunte: "Onde você se sente nesse meio? Onde você está? Aonde gostaria de chegar?". E vamos tentar trabalhar para atingir o lugar em que a gente quer chegar.

Figura 14 Diagrama Tannenbaum e Schmidt: *continuum* de liderança

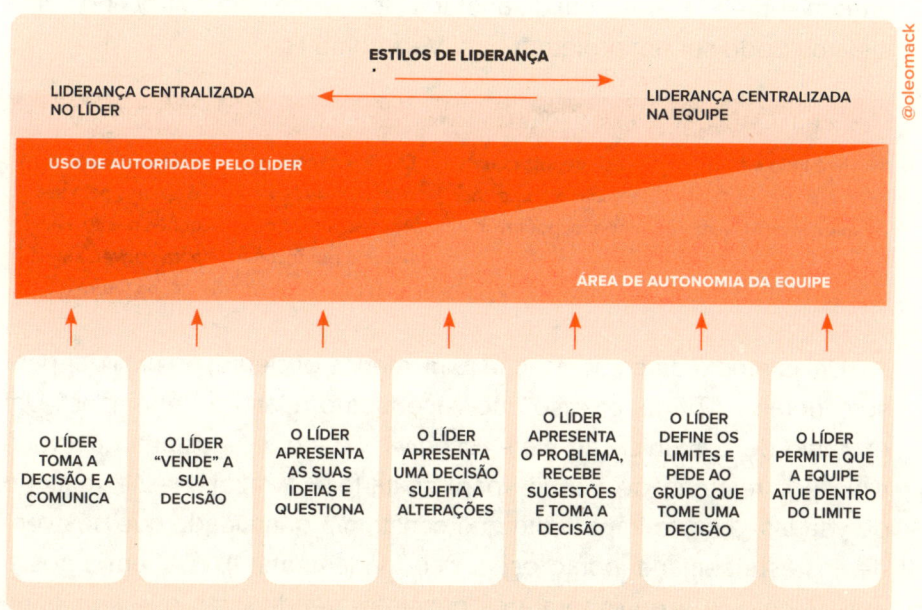

Fonte: Adaptado de NUNES, Paulo. Continuum de liderança. **Knoow.net**, 31 out. 2015. Disponível em: https://knoow.net/cienceconempr/gestao/continuum-de-lideranca/. Acesso em: 19 fev. 2023.

E como fazer uma *comunicação mais assertiva*? Importante lembrar que, quando você for fazer uma comunicação para a sua equipe, não pode supor que ela saiba tudo, mesmo que para você pareça óbvio.

55 **KNOOW.NET**. Continuum de liderança. Disponível em: https://knoow.net/cienceconempr/gestao/continuum-de-lideranca/. Acesso em: 19 fev. 2023.

Quando for falar com as pessoas, for passar alguma instrução ou algo nessa linha, você precisa detalhar para que elas consigam entender. Se necessário, peça que a pessoa anote a instrução que está sendo dada — sempre com muito respeito, tomando muito cuidado para ela não entender como uma ofensa.

E, ao final, o líder tem que informar qual é a prioridade daquela demanda, daquela atividade. Para isso, montei uma tabela para destacar se a prioridade é alta, média, baixa ou nenhuma. Isso é muito importante. Tudo aquilo que é alta prioridade sugere que a pessoa pare o que está fazendo e execute a tarefa prioritária. Se for média, é para fazer depois que terminar o que está fazendo. Se for baixa, a pessoa escolhe quando pretende fazer e, especificamente para este caso, você precisa pedir uma data de entrega. Por fim, tarefa sem prioridade é sinal de que nada precisa ser feito agora além de anotar a ideia; você está só trocando uma ideia ou pode ser um projeto futuro. Veja como fica:

ALTA	MÉDIA	BAIXA	SEM PRIORIDADE
Pare tudo e faça o que acabei de solicitar, por favor.	Faça depois que terminar o que está fazendo, por favor.	Escolha o melhor momento de fazer segundo a data de entrega, por favor.	Não precisa fazer, é apenas para seu conhecimento, anote para conversarmos no futuro.

@oleomack

Um exemplo de comunicação ruim, menos eficiente, de um líder para seu liderado: "Tiago, preciso que você faça o relatório de vendas". Um exemplo de comunicação mais assertiva: "Tiago, eu gostaria que você fizesse o relatório de vendas para sexta-feira (prazo). Nesse relatório de vendas, é muito importante que constem a quantidade que nós vendemos esta semana (ponto específico fundamental 1), qual era a nossa meta (ponto 2) e quais foram os principais vendedores que conseguiram atingir a meta (ponto 3). Pode fazer isso com uma prioridade média (prioridade), ou seja, termine tudo o que você estiver fazendo e depois pode iniciar essa atividade, porque vou utilizar na apresentação para a equipe na próxima semana (razão pela qual essa atividade é importante). Beleza? Você precisa de alguma ajuda? Não? Então tá bom. Se precisar (disponibilidade sua para ajudar sempre), estou à disposição". Eu sei que, para você, que é mais objetivo, a sensação é de ficar enchendo linguiça e parece perda de tempo, mas, acredite, se as pessoas da sua equipe não entenderem a instrução e ficarem indo te perguntar várias vezes o que fazer ou até entregarem errado o que você pediu, isso sim é perda de tempo. Esse exemplo é muito prático; leia novamente e até adapte uma fórmula dele para você usar no seu dia a dia.

Neste ponto, gostaria de destacar algo a que você tem que dar muita atenção: como você é um líder, é a autoridade dentro da empresa, tudo o que você fala as pessoas vão achar que é prioridade. Por isso, *você* tem que dizer qual é a prioridade. Se você fala para a pessoa que está trabalhando: "Tiago, você fez o relatório de vendas?", o Tiago vai parar tudo o que está fazendo para tentar fazer o tal relatório. E se, dez minutos depois, você perguntar: "Tiago, você viu o e-mail que o pessoal mandou?", o Tiago vai parar de fazer o relatório para ver o e-mail. Por quê? Porque as pessoas tendem a seguir as autoridades, simplesmente pelo fato de que são autoridades, e acabam não pensando, só seguindo instruções. Tal conclusão é de um estudo extremamente conhecido de um dos psicólogos mais discutidos da área de psicologia e experimentação: Stanley Milgram.[56]

O que quero dizer com isso? Que, dentro da empresa, o empreendedor, normalmente, é uma autoridade e, quando ele pede algo, as pessoas não questionam, e as coisas vão acontecendo. Então ele tem que sempre dar instruções detalhadas e abrir-se a questionamentos.

Plano de crescimento profissional para a sua equipe e empresa

Você deve montar um *plano de crescimento profissional de equipe* para sua empresa, que algumas empresas mais tradicionais chamam de plano de carreira. Mas observe com atenção: você deve montar um plano de crescimento para A SUA EMPRESA, e não para a sua equipe. O plano de crescimento profissional é da empresa! O que quero dizer com isso é que esse plano deve ser montado baseado no que você, empreendedor, quer para a sua empresa, e não o contrário.

Você é a pessoa que deve guiar o que a sua empresa precisa, já que diferentes organizações precisam de diferentes tipos de habilidades e competências. Já vi muitos empreendedores copiando planos tradicionais de carreira do vizinho, da internet e a empresa acabou virando o

56 KLEINMAN, Paul. **Tudo o que você precisa saber sobre psicologia**: um livro prático sobre o estudo da mente humana. São Paulo: Gente, 2015.

quê? Uma cópia da empresa do vizinho, só que pior, uma empresa sem graça, sem princípios, sem valores e sem sal. A principal desculpa que os empreendedores dão é que não têm tempo de montar o plano – não caia nessa, é muito caro para você, em tempo e dinheiro, as pessoas pedirem para sair da sua empresa porque não veem oportunidades de crescimento ou porque a sua organização é "tanto faz".

E o que é um plano de crescimento profissional? É um guia extremamente visual e didático que compartilha a visão de responsabilidades, competências, atitudes e crescimento que as pessoas na sua empresa têm. É um mapa de até onde elas podem chegar na sua empresa e o que devem ter de responsabilidades. Nesse momento você olha pra mim e fala: "Mas, Léo, na boa, nem eu sei o que tenho que fazer e aonde a empresa vai chegar, estou aqui apagando incêndio, como posso prometer algo para minha equipe?".

É aí que está. O plano de crescimento é também baseado em aonde vamos chegar, e não somente onde já estamos. Quando você for desenvolver o plano de crescimento, faça com a seguinte mentalidade: imagine que todas as pessoas da sua equipe são excelentes e cumprirão exatamente com todas as responsabilidades que você direcionar neste plano; se você escrever para elas serem desleixadas, elas serão, se escrever para elas serem medianas no que fazem, elas serão. E se você escrever para elas serem excelentes? Para serem desafiadas a fazerem o seu melhor? Seria maravilhoso, não? Esse é o espírito. Acredite no que eu vou te falar: quando você atribui algo no plano de crescimento, as pessoas da sua equipe vão atrás, elas vão buscar aquilo que está escrito. Então seja você visionário e direcione-as para o melhor delas, para o que a sua empresa precisa, suba o nível de maturidade da organização e das pessoas da sua equipe.

Lembra, na cadência, que nós montamos vários planos, rituais e sonhos para podermos atingir o seu objetivo de Empresa Profissional? Nada daquilo aconteceu ainda, mas quando acontecer – e vai acontecer – certamente várias pessoas te ajudarão a construir esse sucesso. Como você gostaria que essas pessoas, que dormiram pensativas várias noites lembrando-se dos projetos do negócio, assim como você, estivessem na empresa? Como diretoras de áreas? Como excelentes gestoras? Excelentes líderes técnicas? Pense nelas, essa reflexão te ajudará a direcionar o plano de crescimento que você vai criar.

Mas respondendo à pergunta inicial – como posso prometer para minha equipe que eles vão crescer se nem eu sei se a empresa vai crescer? –, ela própria mata a charada e eu quero deixar você bem tranquilo. Se a empresa crescer, é muito provável que você precise que as pessoas cresçam, percebe? Você vai falar para a sua equipe o seguinte: para que seu crescimento na nossa empresa aconteça, alguns critérios devem ser seguidos. São eles:

1. A empresa precisa de alguém para assumir uma responsabilidade, ou seja, a empresa precisa de um coordenador, por exemplo? Se sim, o primeiro critério foi preenchido, a empresa precisa dessa nova posição e há alguém competente para assumi-la; se a empresa não precisa de um coordenador, esqueça, não invente cargos para pessoas. Não quero ser desrespeitoso com a frase a seguir, mas quero muito que você se recorde dela para a sua vida empreendedora. Nós, empreendedores, desenhamos o tamanho das cadeiras de que a empresa precisa e procuramos as bundas adequadas para se sentarem nelas, não desenhamos as cadeiras de acordo com o tamanho das bundas que temos na equipe. De coração, eu escrevi desse jeito porque quero que sua empresa, você e sua equipe sejam únicos, felizes e com muito sucesso, todos.

2. A empresa tem disponibilidade de dinheiro para assumir esse crescimento profissional? Se sim, então o segundo critério foi preenchido. Esse dinheiro disponível no caixa deve conter todos os critérios que mencionamos no Capítulo 7, ou seja, não se esqueça da provisão. Se não há dinheiro, não adianta, a empresa toda não pode correr o risco de se desintegrar por conta de uma única pessoa. Raramente isso vai valer a pena.

3. A pessoa está cumprindo ou já cumpriu com todas as responsabilidades e atitudes que estão no plano de crescimento? Se sim, então pronto, essa pessoa está elegível e pronta para crescer na sua empresa. Caso contrário, você deverá continuar orientando-a para que ela se desenvolva e possa crescer profissionalmente em responsabilidades, remuneração e reconhecimento.

E na prática, como seria esse plano de crescimento? É um guia visual e didático para que sua equipe sempre possa ter em mãos aonde ela pode chegar na carreira dentro da empresa. Pode ser uma tabela na qual são apresentados os valores das posições júnior, pleno e sênior e as responsabilidades de cada uma. Cada posição tem um descritivo diferente, e o principal que você precisa entender é que existem diferenças muito nítidas entre profissionais de posição júnior, pleno e sênior.

Uma posição júnior é para aquelas pessoas que precisam de supervisão. Então, quando você tem uma posição júnior dentro da equipe, quer dizer que é necessário que também haja pessoas com mais conhecimento para poder orientá-las. No começo, geralmente é você mesmo. Quando se vai pedir uma demanda para uma pessoa júnior, ela tem que ter o conhecimento, porém, você é o responsável pelo excelente cumprimento das atividades. Qual é, portanto, um descritivo para uma pessoa júnior? A pessoa deve ter conhecimento na área X, na área Y, conhecer as atividades para fazer A, B e C, entretanto, ela precisa de supervisão e, se as coisas não derem muito certo nas áreas X e Y, seu supervisor é o responsável.

O profissional *pleno* é responsável por fazer determinada atividade e orientar o júnior. Diferente do júnior, que precisa de supervisão, o profissional pleno, além de ter conhecimento nas áreas necessárias e também em áreas diferentes que a de sua atuação, é a pessoa de referência para os juniores, sendo um tipo de professor ou mentor para a equipe que está iniciando a jornada. Vamos imaginar o seguinte cenário: uma pessoa júnior está no caixa da loja e atendeu a todos os clientes com eficiência, ao final do dia, fez o fechamento do caixa e aferiu o saldo de R$ 3.452 de receita. Passada uma semana, você está verificando o extrato do banco para validar a conciliação bancária e descobre que na verdade não foi esse o valor da receita naquele dia, e sim um valor abaixo. Vamos ser diretos, de quem é a culpa? Do júnior? Óbvio que não, a culpa é do supervisor dele, seja um profissional pleno, sênior ou você mesmo.

Reforçando: o júnior tem o conhecimento das atividades A, B e C e o pleno é responsável pelas atividades A, B e C e orienta as pessoas na posição júnior.

Já o profissional na posição sênior é aquele que também é responsável pelas atividades A, B e C, mentora não apenas pessoas júniores, mas a equipe toda – os plenos e os juniores – e está se preparando para assumir uma posição de liderança.

E, neste ponto, eu gostaria de propor que você monte um plano de crescimento profissional que seja em Y. *Carreira em Y*[57] é a que inclui as

---

57 AZEVEDO, Maria Candida Baumer de. Carreira em Y e retenção de talentos. **People & Results**, jul. 2011. Disponível em: https://peopleandresults.net/carreira-em-y-e-retencao-de-talentos/. Acesso em: 19 fev. 2023.

posições júnior, plena e sênior e a pessoa, no ritmo de crescimento dela, vai poder escolher se quer ir para uma área mais técnica ou de liderança. As duas são crescimento e uma não é melhor nem pior que a outra.

Figura 15 Carreira em linha

Fonte: AZEVEDO, Maria Candida Baumer de., *op. cit.* p. 200.

Figura 16 Carreira em Y

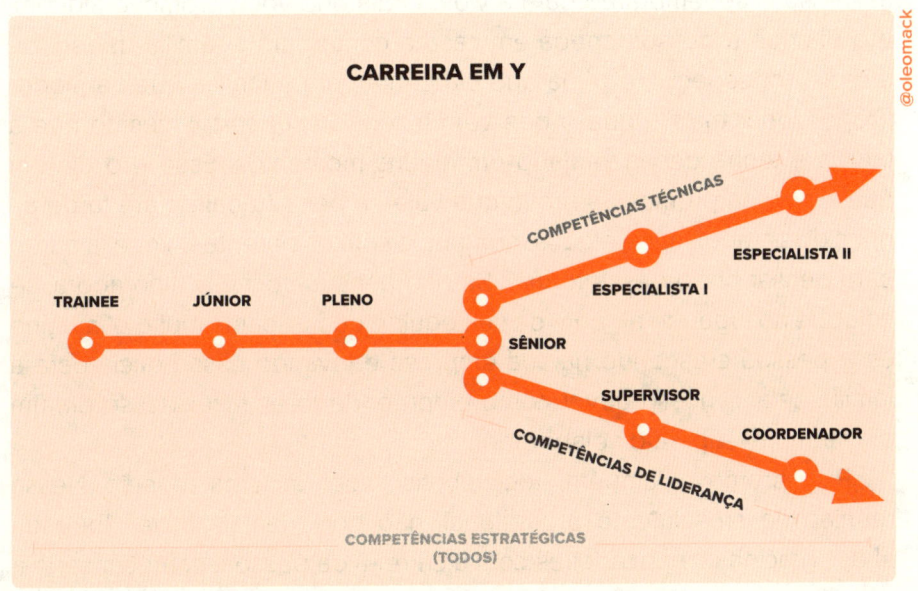

Fonte: AZEVEDO, Maria Candida Baumer de., *op. cit.* p. 200.

Imagine uma pessoa que adorava vender. Nossa, era a que mais vendia roupa na loja em que trabalhava! Ela vendia tudo e conhecia todas as peças. Um belo dia, ela foi promovida a gerente, nunca mais vendeu as peças e tinha que lidar com conflitos de equipe, com avaliações, erros de salários e tudo o mais. E então ficou infeliz e pediu a conta. O que aconteceu? A pessoa adorava vender, essa era sua vocação, mas ela foi "promovida" para gerência. Isso acontece muito nas empresas que não têm uma carreira em Y.

A carreira em Y proporciona a possibilidade de, conforme o colaborador vai evoluindo, como júnior, pleno e sênior, crescer, sim, para liderança, mas de maneira técnica e se tornando especialista naquilo que está fazendo. Ele vira uma especialista em vendas. Sai do nível sênior, vira especialista em vendas e continua crescendo dentro da empresa, mesmo ultrapassando a posição sênior. E ele não vai necessariamente ser gerente, mas é um especialista técnico, um líder técnico dentro daquela equipe, a pessoa com o maior conhecimento naquela atividade, a referência suprema na área.

Como promover as pessoas

Este é um momento muito gostoso para nós, empreendedores, do qual as pessoas se lembrarão para a vida. O dia que você promove alguém, é o dia que a pessoa chega em casa e conta para a família que foi diferente, foi especial, é o dia que ela conta para a família que vai poder proporcionar mais e que o que vem fazendo está certo, mesmo que a família a tenha desencorajado em alguns momentos. Esse é o dia em que a pessoa promovida prova que valeu a pena trabalhar até tarde alguns dias e abdicar de alguns momentos com os parentes. Você já parou para pensar nisso dessa forma? Se não pensou, feche o olho agora, se coloque no lugar de alguém da sua equipe que trabalha muito e imagine essa pessoa crescendo na sua empresa e levando essa notícia para a família dela. É nosso dever como empreendedores fazer desse dia um dia memorável para o colaborador.

Para promover alguém, você precisa agendar uma reunião. Nessa reunião de crescimento profissional, não pode jamais haver "pegadinhas", gracinhas, brincadeiras com a carreira da pessoa, começar sério a reunião em tom ameaçador, fazer que vai demitir a pessoa e promovê-la (juro, já vi isso acontecer). Sem esse tipo de coisa. É um momento de respeito, feliz. Você deve fazer essa reunião com a sua identidade, seu jeitão de empresa, mas é importante não faltarem alguns pontos. Apresente para a pessoa:

1. Todas as qualidades, as coisas muito boas que ela fez, e que é justamente por isso que ela vai receber uma promoção, o reconhecimento do que a empresa, o empreendedor, como líder, proporcionará para ela. Se você não fizer isso, a pessoa não saberá o verdadeiro motivo do seu crescimento profissional; logo, não saberá o que deve continuar fazendo com muito mais intensidade para receber mais um crescimento no futuro.

2. Apresente o salário e cargo dela atuais, em seguida, o salário e o cargo novos. Este item é muito importante porque ela precisa entender imediatamente o seu novo salário e benefícios. Se você não fizer isso, ela vai criar uma expectativa errada de cargo e salário, e o que era para ser um momento especial vira um momento de frustração.

3. Explique quando ela receberá esse novo valor, ou seja, em qual dia ela já terá esse novo salário na conta como pagamento dos serviços prestados no último mês. Se você não fizer isso, ela vai pensar que receberá o novo valor amanhã ou no próximo pagamento, o que nem sempre é o caso porque muitas vezes o salário é pago por um mês cheio de trabalho e, se estiver no meio do mês, pode haver divergências. Cada empresa adota uma política, converse com seu contador para ter recomendações e tente conciliar com o formato que você acredita ser melhor para sua equipe e empresa.

4. Nesse dia, faça muita festa, compartilhe com as outras pessoas da equipe, mostre que tem gente crescendo na empresa. A mensagem transmitida é que, dentro da sua organização, as pessoas crescem, são promovidas. Isso é muito legal.

Como e quando corrigir as atitudes de colaboradores

Primeiro: você tem que *anotar tudo* o que acontece com a equipe que você está liderando. Vamos imaginar que o Tiago fez um atendimento errado lá na loja. Eu vou lá no meu caderno pessoal ou em um documento on-line, anoto a data e o que aconteceu. Eu, como empreendedor, tenho que pensar: "Posso discutir isso com ele na próxima conversa um a um ou tenho que falar agora?". Se for falar agora, então chame-o, converse com ele e explique o que tem que ser corrigido. Se não, deixe anotado e leve para a próxima *conversa um a um*. Vai depender do nível do que tem que ser corrigido (quando for mais grave, resolva imediatamente).

Essas correções de atitudes da equipe devem ser feitas na frente de todos ou individualmente? Vai depender da cultura da empresa. Há quem defenda que correções de equipe devem ser feitas de maneira particular.[58] O argumento é que a pessoa pode ficar constrangida na frente das demais e se desmotivar. Por outro lado, há aqueles que defendem que as correções devem ser feitas no ato e, sim, na frente de todos. Eles acreditam que as equipes verdadeiramente maduras, no sentido de aprendizado a todo custo, não deverão se constranger com esse tipo de atitude, e sim estar dispostas a, inclusive, aproveitar o momento para ensinar a todos.[59] Realmente, é raro desenvolvermos equipes desse nível. Em geral, em termos estatísticos, o primeiro modelo tem maior sucesso. Escolha aquilo que melhor couber para sua cultura.

O outro ponto que você tem que saber nas conversas um a um é que é importantíssimo, como mencionei anteriormente, falar também das coisas positivas sobre a pessoa, para que ela continue sabendo que aquela atitude que está tendo está correta. Não fale só das coisas que a pessoa tem que melhorar, senão, naquela conversa um a um ou em outro momento que você chamar para trocar uma ideia, ela sempre vai pensar: "Nossa, ele está me chamando! Já vai chamar minha atenção!". Não deixe isso acontecer.

Como desligar pessoas

Nós queremos que, em nossas empresas, todos tenham responsabilidade com o trabalho, e, acima de tudo, com as pessoas. É justamente por desenvolvermos a atitude de responsabilidade com as pessoas que eu acredito fortemente que quem contrata demite.

A pessoa que fez a contratação de quem será desligado é a responsável por isso, ou seja, ela será a protagonista no ato do desligamento, será ela quem passará a mensagem do desligamento e todos os processos que vou compartilhar a seguir. Caso a pessoa não esteja mais na sua empresa, será aquele que era o líder dela quem o fará e assim por diante. Você pode estar se perguntando: "Nem eu sei fazer um desligamento eficiente, como que o outro vai fazer?". A resposta é que você deve

58 GRENSING-POPHAL, Lin. Praise in public; criticize in private. **HR Daily Advisor**, 13 nov. 2020. Disponível em: https://hrdailyadvisor.blr.com/2020/11/13/praise-in-public-criticize-in-private/. Acesso em: 20 jul. 2023.

59 SCHARZ, Roger. How criticizing private undermines your team. **Harvard Business Review**, 25 mar. 2013. Disponível em: https://hbr.org/2013/03/how-criticizing-in-private-und. Acesso em: 20 jul. 2023.

treinar a si mesmo e a sua equipe a isso; sim, simule desligamentos com eles até que você acredite que gostaria de ser desligado da empresa do jeito como eles estão fazendo.

Separei em duas as situações ao precisarmos demitir pessoas: quando for uma pessoa apenas e quando for várias.

• Desligamento de uma pessoa

Da mesma maneira que no recrutamento e seleção, você já tem que saber todas as informações da demissão: os valores da rescisão, até quando serão pagos, qual é o último dia de trabalho. E marque a reunião no dia que você vai fazer o desligamento, de preferência, no período da manhã. Não faça desligamento na sexta-feira, no final do dia, porque a pessoa pensa: "Caramba, você esperou que eu trabalhasse a semana toda e o dia todo, olhou no meu olho sorrindo, para vir aqui no final do dia e me demitir!". Sim, o relacionamento é de um contrato de trabalho; a pessoa está cumprindo com o horário, a empresa está pagando por aquele horário e esse é o combinado, mas, convenhamos, todos somos pessoas, desligar alguém e ser desligado já não é o melhor sentimento, que tal agirmos de modo mais humano nesse momento e fazermos ao próximo o que e como gostaríamos que fizessem conosco?

Vou confessar aqui para você: nas minhas empresas, eu fico tão mergulhado na estratégia, no tático e também no dia a dia que essas coisas acabam entrando em um piloto automático e passando despercebidas – tem feriados que eu só descobri que existiam no dia anterior. O que quero compartilhar com você com essa confissão é que não precisa se sentir culpado ou culpada em parecer que você esteve indiferente para sua equipe, você não esteve e não quis fazer mal algum, eu sei, mas agora reflita mais sobre isso e daqui para a frente busque construir atitudes pensando na sua equipe, no sentido de tentar ao máximo a empatia, se colocar também no lugar dela, assim como em agir como líder da equipe e da empresa.

"Então, como faço o desligamento em si?", você deve estar se perguntando. Primeiro, claro, você vai chamar a pessoa. Na reunião de desligamento, é muito importante que não tenha só você (se possível, porque a empresa às vezes é muito pequena e só tem você, eu sei). Que outras pessoas devem estar lá? A responsável pela parte da folha de pagamento ou o financeiro, porque ela vai trazer as informações de datas de pagamentos, valores, descontos e tudo o que consta na lei e que será cumprido. É importante também trazer alguém da equipe de Gente (tradicionalmente chamada RH). Neste caso, é porque sempre é bom ter alguém que pode ser testemunha do processo de desligamento, por uma questão trabalhista e também para lhe dar feedback de como foi o processo e como ele poderá ser aprimorado na próxima vez que ocorrer.

Na hora de falar, é preciso ir direto ao ponto, sem enrolação nenhuma. Chegue para pessoa e fale: "Tiago, preciso compartilhar com você uma decisão: estamos tendo esta conversa aqui porque optei (tem que ver se tem uma liderança junto ou se a decisão foi sua apenas) pelo seu desligamento. O motivo principal do seu desligamento é a sua performance (é só um exemplo, você comenta os motivos reais). Estamos precisando de um desempenho melhor aqui na empresa e não alcançamos esse resultado. Fique tranquilo que todos os valores serão pagos de acordo com a lei; vai dar tudo certo nesse ponto. A data de pagamento será tal e estão aqui os valores. Você tem alguma dúvida, alguma coisa que gostaria de compartilhar?". Naturalmente, as pessoas se emocionam; deixe-as livres para falar.

Um ponto importante aqui: não é uma conversa de negociação. A decisão já está tomada. Não existe "voltar atrás" neste momento. E ponto. É muito importante deixar a pessoa se despedir dos colegas da equipe na qual trabalhou, sempre. Não pode pegar e já sair bloqueando a pessoa e levando-a para fora. Não. Deixe-a despedir-se daqueles com quem dividiu boa parte da vida dela. Todos criam relacionamentos, laços de amizade e seria muito ruim fazer algo para impedir isso. Se preferir, acompanhe-a nas mesas enquanto ela se despede das outras, mas não fique em cima.

O que vou falar agora é muito importante, muito mesmo. Entenda que, quando desliga alguém da equipe, você está transmitindo uma mensagem, sim, para quem está sendo desligado, mas acima de tudo para quem fica. Quando você desliga alguém, pode até ser que nunca mais veja nem fale com a pessoa, mas eu garanto que, assim que ela sair pela porta da sua empresa, você vai se virar e encontrar todo mundo te olhando sem muito entender o que aconteceu. A minha pergunta para você é: qual é a mensagem que você quer deixar para quem fica? É por isso que *desligar pessoas* está em um capítulo que fala de como *reter pessoas*. Seja grato a quem trabalhou na empresa.

Depois de alguns dias (trinta dias, por exemplo) do desligamento, se você tiver a oportunidade de conversar com o ex-colaborador para solicitar feedback e saber como a empresa pode melhorar, seria muito positivo. Depois desse tempo aproximado, as pessoas já passaram pelo luto do desligamento e estão bem mais abertas a dar feedbacks verdadeiros, que valem muito a você. E normalmente elas conversam, sim, mesmo depois de desligadas; desencana de nunca mais querer falar com elas, costuma ser mais tranquilo do que você pensa.

- **Desligamento de várias pessoas**

Já passei por momentos em que tive que desligar várias pessoas em um curto período de tempo. Quando precisei fazer isso pela primeira vez, passei mal durante alguns dias que antecederam os desligamentos, ainda mais porque eu havia falhado na gestão da empresa e então a dura decisão teve que ser tomada. Eu havia estudado muito sobre como seria a melhor forma de fazer isso, e uma das mais efetivas foi a de Ben Horowitz,[60] que nos ensina um passo a passo para atuar nesse momento tão complexo que é demitir várias pessoas.

Ao fazer uma demissão coletiva, a primeira coisa que o empreendedor deve pensar é em também organizar todas as informações necessárias de quem será desligado, com datas, valores e tudo mais que a lei exigir, não demorar entre o momento da sua decisão interna em que fala com a equipe de Gente ou com a contabilidade e o anúncio, para que não comecem conversas de corredor, ou seja, outras pessoas da equipe ficarem sabendo de algo por alguém que falou em "sigilo". Seja o mais rápido possível nesse processo, tenha o motivo para essas demissões muito claro, porque você vai ter que anunciar esse motivo para as pessoas.

E, por último, tem que falar para toda a empresa. Se vai fazer um desligamento de várias pessoas, uma demissão em massa, reúna toda a empresa no período da manhã e comece a explicar para a equipe: "Pessoal, o objetivo da nossa reunião é compartilhar que a nossa empresa não atingiu os resultados (compartilhe os motivos verdadeiros). Nós falhamos nesse processo. E por essa razão vamos fazer desligamentos. As pessoas que serão desligadas serão chamadas agora no período da

---

60 HOROWITZ, Ben. **O lado difícil das situações difíceis**: como construir um negócio quando não existem respostas prontas. São Paulo: WMF Martins Fontes, 2015.

manhã e faremos esse processo conversando *um a um* com todos vocês. Entendido? Então vamos lá!".

É um clima horrível... como comentei, eu já tive que fazer isso. É muito ruim, mas acontece! E aí você vai fazer o desligamento de um a um. O último ponto que Horowitz traz nesses casos de desligamentos em massa é: "Esteja sempre visível, esteja presente". Não suma da empresa naquele dia ou na semana dos desligamentos. Porque as pessoas querem saber se você vai estar lá, querem ter um pouco mais de segurança. Então, não demita as pessoas e suma da empresa. Fique lá e esteja presente para todo mundo. Se alguém quiser conversar, sente e converse; tem que ser bem assim, bem aberto.

Cultura é tudo, todos, em todo lugar e ao mesmo tempo

Vou compartilhar com você um *case* real e pessoal que vivenciei ao longo dos últimos anos. Eu já tive empresas em uma época da minha jornada empreendedora em que não conhecia o poder da cultura. Como falei, a cultura sempre existe, mas eu não sabia identificá-la e muito menos direcioná-la; potencializá-la era impossível.

Nessas empresas, me recordo de ter uma alta rotatividade de equipe, eram organizações que estavam sempre com altos e baixos, seja de faturamento ou até mesmo de energia. Rotatividade, para empresas que estão no primeiro estágio de crescimento, é um grande veneno, porque, cada vez que alguém sai da equipe, são vários passos para trás que a empresa dá, desde a parte financeira com os pagamentos de custos rescisórios até a dificuldade de encontrar uma nova pessoa e treiná-la. Quando se tem poucos colaboradores, cada um que sai é como se a empresa precisasse começar do zero novamente – e é quase isso. Sabe qual é seu trabalho? Trabalhar muito, muito mesmo para poder sair logo dessa fase da sua jornada empreendedora e levar a sua empresa para o próximo nível, aquele em que você já tem equipes pequenas funcionando redondinho e poder se preocupar mais com como crescer mais rápido em vez de se preocupar com o atendimento diário a clientes o tempo todo.

A cultura é o respirar da empresa,
O jeito de fazer **tudo**, sem forçar e com leveza.
Mesmo sem o fundador presente, ela persiste,
É a alma que a **todos** envolve e assiste.

Tratar clientes com frieza ou calor
Reflete a cultura, seu colorido e seu fervor.

Mas como conhecer essa cultura presente?
Uma maneira simples vou compartilhar, se me permite.
Se o empreendedor é rude em seu trato,
Logo a equipe segue esse ato.
O líder deve cuidar de sua própria energia,
Não contaminar a equipe, ter essa sabedoria.

Identificar a cultura é tarefa a empreender,
Observar o cotidiano, no dia a dia, compreender.
Como **todos** conversam, se comportam
Com clientes, fornecedores, pessoas que importam.
Uma empresa feliz não exclui momentos de tensão,
Desacordos respeitosos surgem, fazem parte da evolução.

A cultura sempre existe, é importante lembrar,
Mesmo ainda sem nome, está **em todo lugar**.
Ao mapear tudo **ao mesmo tempo**, você tem o poder,
Potencializar ou mitigar é a escolha a fazer.
Compreendê-la é caminhar rumo à evolução,
Construir uma cultura que você, empreendedor, impulsione com o coração.

10

VOCÊ, EMPREENDEDOR

Você realmente não sabe até que ponto chegará seu alcance como empreendedor, mas, quando tem definido aonde quer chegar e percorre os passos progressivamente, por meio de um método, das ferramentas necessárias e de um roteiro bem definido, é natural que alcance seu objetivo com excelência.

Já vimos que o líder empreendedor influencia as pessoas mesmo pelos mínimos gestos e ações do dia a dia. Somos exemplo vivo da nossa manifestação, um espelho para o outro se ver em nós mesmos e uma vitrine para a sociedade. No papel de líderes, agimos sobre a vida dos liderados a cada minuto; a diferença é que, na liderança, somos capazes de agregar valor a um número maior de pessoas e transformar a existência delas (e a nossa).

Percorremos, passo a passo, o Método da Empresa Profissional, com os 5Cs. Diferente de muitas fontes que conheço, focamos aqui no *como*, na prática. Apresentei uma metodologia, com começo, meio e fim, um passo a passo para que você possa definir um plano individual, com base nesse roteiro.

Com esse conhecimento, é mais fácil entender seu papel como empreendedor ou empreendedora e como as coisas funcionam, como o empreendedorismo pode ser conduzido da melhor maneira, com equilíbrio, sabedoria e foco. Será possível trabalhar com esses elementos, ser um guardião desse sistema. Essa estrutura será sustentada por ferramentas que equilibram cliente e caixa, trazem cadência e organização, que precisam ser promovidas pelo líder e que serão cuidadas pela cultura que, dentro dessa dinâmica, atuará para a harmonia do todo e das partes. Com a ativação desses mecanismos que compõem a máquina, o fluxo passará a ser natural e fluido. Funcionará por si mesmo, sob sua supervisão.

Esse mecanismo, no entanto, precisa de um combustível vital, o fluido do coração que fará funcionar todo o sistema. O caminho é este: use o coração e encontre aqui o melhor empreendedor que vai ajudá-lo nessa jornada: você. Sairão de você a energia necessária e o conhecimento que dará a base para levantar esse edifício, trazer pessoas para o projeto, potencializar o melhor delas e proporcionar crescimento, o que resultará em frutos que beneficiarão a todos. Isso tudo sairá de você e será extremamente importante que seja assim, pois essa trajetória foi iniciada pelo seu sonho, seu ideal, e por isso você está apto para desenvolvê-la em toda sua potencialidade.

O método foi compartilhado e quem vai fazer a alquimia, a partir daqui, é você, rumo a uma grande mudança em sua jornada empreendedora.

Talvez você ainda se pergunte: "Como saber se estou pronto para dar esse passo como empreendedor?". Pode ser que sinta muitos pontos a serem considerados, revistos, organizados e colocados em prática. Outro sentimento que pode surgir é a frustração e pode ser que você me diga: "Léo, estou muito longe de conseguir isso! Não sei por onde começar! Seus exemplos não se aplicam à minha empresa".

Lembre que, no começo do livro, mostrei que os 5Cs devem ser seguidos nesta ordem: coração, cliente, caixa, cadência e cultura. Apresentei todas as ferramentas para que consiga prosperar na empresa. Você, que está começando a empreender, também aprendeu aquilo que é importante: seguir os 5Cs. O ponto essencial é identificar em qual C está agora. Você já empreende com o coração? Maravilha! Capricha! Agora você vai conquistar os clientes. Vai vender muito, tanto que vai ter que olhar para o caixa. Com seu caixa controlado, precisará observar em que ponto terá que manter a disciplina, a cadência. E, agora que equilibrou esses três primeiros Cs, está empreendendo feliz, com mais prosperidade; para que nada desande, deverá implementar uma boa cultura dentro da empresa, de modo que ela se perpetue e sua máquina funcione livremente. Daqui para a frente, você vai prosperar. Acredito que esse sucesso está nas suas mãos e tudo ocorrerá no ritmo e na cadência a que você se propuser!

Também pode ser que você esteja em outro estágio e já se veja motivado para empreender. Mesma recomendação: encontre em qual fase está nos 5Cs e dedique-se!

Se ainda precisar de ajuda para se encontrar nos 5Cs, conte comigo! Como falei, minha missão é compartilhar conhecimento, então, siga-me nas redes sociais e aprofunde-se nos conteúdos que publico por lá! Vou gostar de saber que leu o livro e está colocando em prática o método. Inclusive, eu recomendo que o leia mais de uma vez, a cada seis meses; afinal, como você percebeu, ele é um manual de como agir no dia a dia da sua empresa.

Então, sim, é possível ser uma Empresa Profissional. Da mesma maneira que eu também passei por essas fases, gastando muito tempo, dedicação, me esforçando e errando demais, você, agora meu mentorado, minha mentorada, tem a oportunidade de fazer isso de maneira mais rápida, sabendo muito e tendo um direcionamento, percorrendo o caminho das pedras com equilíbrio e harmonia, a partir de um ponto bem mais adiantado do que eu quando comecei a empreender. Seu processo será muito mais facilitado, acelerando a passagem pela fase inicial, em direção a uma etapa mais avançada.

Você lembra quando estava aprendendo a dirigir, a andar de bicicleta, a tocar um instrumento, ou praticando algo novo, que nunca tinha feito antes? Provavelmente sentiu medo, ansiedade e insegurança. "Será que vou conseguir?", se perguntava. Mas alguém ensinou os primeiros passos, orientou o caminho, compartilhou conhecimento, experiências e recomendações.

Foi o que aconteceu aqui. Mesmo que você já empreendesse, pode ser que não estivesse seguro sobre como resolver os principais desafios ou desconhecesse o papel e os passos para manter o equilíbrio e a prosperidade do seu negócio. Com mais ferramentas e recomendações, fica mais fácil se lançar a algo novo ou melhorar o que já existe.

Quando compartilhamos conhecimento, crescemos juntos – quem ensina e quem aprende –, porque evolui também aquele que constrói um legado e dá continuidade ao saber. Sinto este livro cumprindo essa finalidade. Toda vez que oriento algum empreendedor que resolve suas questões desafiadoras e fica feliz, também fico satisfeito, porque fiz com que o conhecimento fosse usado, multiplicado e gerasse mais e mais evolução. É só disto que precisamos: evoluir e fazer evoluir e crescer, multiplicar possibilidades para os outros.

Nem todos têm a energia necessária para empreender, apesar de todos termos as ferramentas individuais para isso. O empreendedor, no final das contas, é aquele que aposta na própria ideia e se dedica para fazer com que dê certo, unindo as ferramentas certas e o próprio combustível, que vem do coração.

E, apesar de todas as adversidades, você conseguiu chegar até aqui, no dia de hoje. Aprendeu tanta coisa nova e foi vencendo desafio por desafio, até se superar em cada questão que apareceu na vida. Também conseguiu evoluir na leitura deste livro, vencendo cada página e abrindo espaço dentro de você, para esse conhecimento entrar e fazer a devida transformação nas suas ações, repercutindo em sua realidade de vida.

A certeza que tenho é de que algo dentro de você o chama para essa experiência e para o desafio de empreender. Se a vontade de percorrer essa jornada surgiu, é porque você está pronto para seguir esse caminho. A prova disso é que você está aqui, lendo estas linhas, tentando entender melhor esse universo.

Apoie-se neste conhecimento, que agora é seu, e na força do seu ideal. Tenho certeza de que nos encontraremos em algum empreendimento, no aeroporto, em um evento sobre inovação, produtividade e/ou felicidade no trabalho ou em uma nova empresa fundada por você. Aguardo de todo o coração este momento!

Siga-me nas redes sociais:
https://leomack.com.br
https://instagram.com/oleomack/
https://youtube.com/@oleomack

Este livro foi impresso
pela Edições Loyola em
papel lux cream 70 g/m^2
em fevereiro de 2024.